77/20820191014/3648

Die Reihe «essais agités. Edition zu Fragen der Zeit» pflegt den kritischen Essay. Sie führt aktuelle Diskurse, spürt verborgene Themen auf und setzt überraschende Ideen in die Welt. Sie ist offen für ein bewegliches Nachdenken über Fragen der Zeit. Die Reihe ist vom Verein Literaturstiftung initiiert. Sie wird selbständig betreut von einer Redaktion, die aus Stefanie Leuenberger, Johanna Lier, Gina Bucher und Beat Mazenauer besteht.

Zugrunde liegt ihr eine eigens dafür entwickelte Schreibsoftware, die Texte mit einem automatisierten Verfahren in Buchform bringt. Diese Software ermöglicht es, die Texte schnell, variabel und in unterschiedlichen Formaten zu präsentieren und sie in der Schweiz zu drucken. Die Bände erscheinen in zwei Serien als Taschenbuch im Verlag Der gesunde Menschenversand sowie als Chapbook on demand und als E-Book unter: www.essaisagites.ch

Die Schweiz bewältigen
Eine literarische Debatte nach Max Frisch

Mit Beiträgen von Max Frisch, Otto F. Walter, Jean Rudolf von Salis, Peter Bichsel, Adolf Muschg, Walter Matthias Diggelmann, Tobias Amslinger, Ruth Schweikert und Julia Weber

essais agités

Die Schweiz bewältigen
Eine literarische Debatte nach
Max Frisch

Mit Beiträgen von Max Frisch, Otto F. Walter, Jean Rudolf von Salis, Peter Bichsel, Adolf Muschg, Walter Matthias Diggelmann, Tobias Amslinger, Ruth Schweikert und Julia Weber

ISBN 978-3-03853-996-4

essais agités, Band 4

1. Auflage 2019
© alit – Verein Literaturstiftung Bern 2019
Alle Rechte bei den Schreibenden bzw. deren Rechtsnachfolgern oder Verlagen
Vertrieb durch den Verlag
Der gesunde Menschenversand, Luzern
www.menschenversand.ch

Printed in Switzerland

Die historischen Beiträge folgen dem Druck in der «Weltwoche». Offenkundige Fehler wurden korrigiert.
Redaktion: Beat Mazenauer
Korrektorat: Kathrin Berger
Produktion: rokfor und Latex
Druck: DigiSpeed by Edubook
Gedruckt auf Steinbeis Innojet

Im September 1965 erschien in der Kulturzeitschrift «neutralität» ein Text von Max Frisch mit dem Titel «unbewältigte schweizerische vergangenheit?». Frisch fragte, inwieweit die schweizerische Vergangenheit von 1933 – 1945 Eingang in die Schweizer Literatur gefunden habe. Der Beitrag wurde 1966 in der «Weltwoche» erneut abgedruckt und bildete den Auftakt zu einer Debatte, in die sich Frischs Schriftstellerkollegen Otto F. Walter, Jean Rudolf von Salis, Peter Bichsel, Adolf Muschg und Walter Matthias Diggelmann einschalteten. In ihren Beiträgen fragten sie nach den Grenzen der heimatlichen Literatur, dem Bezugsraum ihres eigenen Schreibens und der politischen Rolle des Schriftstellers.

Der vorliegende Band zeichnet die historische Debatte nach und verlängert ihre Fragen in die Gegenwart. Mit Ruth Schweikert und Julia Weber antworten zwei literarische Stimmen, die sich heute kritisch mit der Schweiz auseinandersetzen. Einleitend erschliesst Tobias Amslinger den historischen Kontext dieser literarischen Debatte nach Max Frisch.

Inhalt

n Dame»: anwendbar auf die Schweiz,
aber es meint nicht die Schweiz im
rn, es ist anwendbar auch auf andere.
e gilt von «Andorra».) Gäbe es einen
chen Atlas, so erschiene die Schweiz
r-Zeit als eine terra incognita: weiss,
r nicht Unschuld bedeutet. Wenn wir
enlob absehen, das zwar geschrieben
kann, aber nie Literatur wird, zeigt
ss unser Land kaum noch ein Thema
weizerischen Literatur ist. Insofern
n allerdings von einer schweizerischen
sprechen, die sich unterscheidet von
scher, deutscher, italienischer Litera-
befassen uns nicht mit Schuld. Wenn
dann Allerweltsschuld oder Schuld
rson, aber nicht Landesschuld. Haben
e? Jedenfalls scheint uns keine zu be-
; der grosse Roman, der sie darstellt
ch Darstellung bewältigt, ist mir nicht
. Ist die Schweiz kein tragisches The-
r an der Schweiz leidet, erscheint als
ath; sein Unbehagen reflektiert bloss
rson, sein Versagen als Individuum,
rivate Krise, das Ressentiment eines
gegenüber dem Kollektiv, das gesund
verwundere mich oft, wenn ich im Aus-
zutreten habe als Schweizer, über das
ben einer Frage, die von aussen kom-
nnte: Was ist euer Beitrag an verbind-
Selbstdarstellung? Vielleicht hatte die
noch selten so viele Talente wie
stilistische Talente. Was schreibt die
Generation? Die Geschichte des Lan-
ine jüngste Vergangenheit, sein Ver-
ngesichts der Katastrophe, deren Fol-
ch unsere Existenz bestimmen, sind
hr Gegenstand; die jüngere Literatur
weiz, die Generation, die in Deutsch-
rtreten ist durch Martin Walser, Uwe
, Günter Grass, Hans Magnus Enzens-
Alexander Kluge und viele andere, ist
nahmslos apolitisch oder abstrakt-poli-
nd es gibt hier nichts zu bewältigen,
es, im Gegensatz zu Deutschland und
ich und Italien; die Auseinanderset-
t den gesellschaftlichen Utopien des
rs spielt hinein, aber ist nicht der
unkt. Das Vater-Sohn-Problem, ja, aber
lt sich nicht geschichtlich; das Ich-
, das Realität-Problem, das Ehe-Pro-
or allem aber das Erzähl-Problem. Was
erisch ist: die landschaftliche oder
he Szenerie, die soziale Gegebenheit
nerie, nicht als Thema. Was beim Äl-
ls Resignation bewertet werden mag,
ckzug, erscheint bei den Jüngeren als
gslage: ohne Resignation, blank und
nklich. Das ist kein Anlass zum Vorwurf,

die hinterlassen-
schaft

Ein Interview mit Walter Matthias Diggelman

Diesen Herbst erscheint im Verlag R. Piper -
Co. in München das Buch «Die Hinterlassenschaf
des Schweizer Schriftstellers Walter Matthias Dig
gelmann. Es behandelt weitgehend das Problem de
schweizerischen Antisemitismus, des Antikommunis
mus und der offiziellen Haltung der Schweiz de
jüdischen Deutschen gegenüber, die während de
Hitlerzeit in die Schweiz flüchteten und dort o
abgewiesen wurden. Mit diesem Buch trägt Digge
mann zur Klärung jener Fragen bei, welche un
heute in der Schweiz beschäftigen: Wie war e
möglich, dass sich unser so humanitär gebende
Land dazu erniedrigte, indirekter Helfershelfer de
Naziaschergen zu werden? Um etwas mehr vo
den Ansichten des Schriftstellers zu erfahren, h
die «neutralität» Walter Matthias Diggelmann z
diesem Thema interviewt.
Der Autor der «Hinterlassenschaft» wurde 1927 i
Zürich geboren. Nach wechselvollen, harten Jugen
jahren, in deren Verlauf er unter anderem in Italie
und in Deutschland lebte, kehrte er 1945 in di
Schweiz zurück. Dort arbeitete er in verschieden
Berufen und begann mit den ersten Schreibve
suchen. Bald arbeitete er als Regieassistent a
Zürcher Schauspielhaus, dann als Dramaturg be
Radio Zürich. Bisher hat er veröffentlicht: Eine
Jugendroman (1959), «Das Verhör des Harry Winc
(1962), «Die Rechnung» (Erzählungen, 1963).
arbeitet zurzeit als Journalist und schrieb vor kurze
ein Fernsehstück für den Norddeutschen Rundfun

«neutralität»:

Herr Diggelmann, Ihr neuer Roman «Die Hir
terlassenschaft» handelt von jüdischen Aus
ländern, von den Schweizern und von den ant
semitischen Schweizern. Darf ich Sie frage
was Sie veranlasst hat, fast dreissig Jahr
nach den peinlichen Ereignissen der Fror
tistenzeit und der nationalsozialistischen Ei
kreisung der Schweiz solche Dinge zu behan
deln? Welches war der eigentliche Anstos
zum Denkprozess, der sich in Ihrem neue
Buch verfestigte?

Diggelmann:

Der Anstoss zum neuen Roman kam eigen
lich von aussen. Ich hatte bereits ein neue
Buch konzipiert, war bereits damit beschäftig
mich einzuschreiben, als wir eines Abends i
Freundeskreis wieder einmal mehr die Zusam
menhänge zwischen Fremdenfeindlichkeit, A
tisemitismus, Antikommunismus und Nation
lismus diskutierten. Ein Mann, der neu war i

Tobias Amslinger: Eine Debatte in ihrer Zeit

DIE HINTERLASSENSCHAFT

Ab Juli 1965 veröffentlichte die «Zürcher Woche», als Vorabdruck über mehrere Ausgaben verteilt, den Roman «Die Hinterlassenschaft» von Walter Matthias Diggelmann. Anschliessend brachte der Münchner Piper Verlag auch das Buch heraus. (1) Eigentlich hätte es in der Schweiz erscheinen sollen, aber Diggelmanns Verlag Benziger lehnte die bereits vereinbarte Publikation trotz mehrfacher Überarbeitung des Manuskripts ab. (2) Schon der Vorabdruck in der Zeitung wurde von einer kontroversen Leserbriefdiskussion begleitet. Parallel zum Erscheinen des Romans entstand eine Debatte unter Schriftstellern. Sie wurde von Max Frisch angestossen und kann als Vorgeschichte zum berühmt-berüchtigten Zürcher Literaturstreit gelesen werden.

Diggelmann, 1927 in Mönchaltorf (Kanton Zürich) geboren, gehörte in den 1960er-Jahren zu den profiliertesten Stimmen einer ‹engagierten› Schweizer Literatur. Bei Benziger hatte er bereits ein Jugendbuch, zwei Romane und einen Erzählband vorgelegt. Vor allem sein Roman «Das Verhör des Harry Wind» (1962) über die politischen Verstrickungen eines PR-Unternehmers machte ihn über die Landesgrenzen hinaus bekannt. (3) Diggelmann trat mit so-

zialkritischen Texten lautstark in Erscheinung, provozierte aber auch als Person mit ‹nonkonformistischem› Habitus. Diese Haltung resultierte nicht etwa aus der Auflehnung gegen eine bürgerliche Sozialisation, sondern aus Lebenserfahrungen, die kaum ein Schweizer Literat aus derselben Generation teilte. Diggelmann wuchs in schwierigen Verhältnissen auf und verbrachte seine Kindheit unter wechselnder Vormundschaft und ohne reguläre Schulbildung. Nach einer abgebrochenen Lehre und einem Diebstahl war er 1944 als Jugendlicher aus der Schweiz geflohen. In Italien wurde er von der Wehrmacht aufgegriffen und nach Deutschland deportiert, wo man ihn zum Arbeitsdienst zwang. Auch aus deutscher Gefangenschaft versuchte er mehrfach zu fliehen. Als er nach Kriegsende in die Schweiz zurückkehren konnte, wurde er für sechs Monate in die damalige Heil- und Pflegeanstalt Rheinau eingewiesen. Nach seiner Entlassung begann Diggelmanns unwahrscheinliche Karriere als streitbarer Schriftsteller. Er arbeitete als Regieassistent, Lektor, Dramaturg und Werbetexter. (4)

Mit der «Hinterlassenschaft» rührte der 38-Jährige an ein Tabu. Er thematisierte nicht nur die zeitgenössische Hetze gegen Marxisten in der Schweiz, sondern erkannte in den Scharfmachern der 1950er-Jahre dieselben Personen und Motivationen wieder, die hinter der repressiven Schweizer Politik gegenüber jüdischen Flüchtlingen aus Nazideutschland gestanden hatten. «Die antikommunistischen Brandstifter von heute», so Diggelmann in einem

Interview mit der Zeitschrift «neutralität», «sind weitgehend die faschistischen Brandstifter des Antisemitismus der dreissiger Jahre und die sogenannten ‹Vaterländischen› (lies Anpasser) der vierziger Jahre.» (5)

Ausgangspunkt seines halb dokumentarischen, halb fiktionalen Romanprojekts war die persönliche Betroffenheit über das Schicksal des Marxisten und Kunsthistorikers Konrad Farner (1903 – 1974), mit dem sich neben anderen Intellektuellen und Schriftstellern auch Max Frisch öffentlich solidarisierte. Farner musste im November 1956, nachdem die Sowjetarmee in Ungarn einmarschiert war, erleben, wie sich rund 300 Personen vor seinem Haus in Thalwil versammelten. «Hängt ihn, hängt ihn!», skandierte die Menge. Seine Adresse war von der «Neuen Zürcher Zeitung» veröffentlicht worden. (6) Diggelmann, der das Ereignis in provozierender Wortwahl als «Pogrom von T.» fiktionalisiert, lässt im Roman den Leiter einer «Demokratischen Presseagentur», der als Parteisekretär mit den Nazis sympathisiert hatte, einen Artikel für die bürgerlichen Zeitungen entwerfen:

«Wir müssen die Leute, die sich heute noch durch Taten oder Worte zum Kommunismus bekennen, die offen oder versteckt für die kommunistischen Ziele arbeiten oder dieser Arbeit Vorschub leisten, vollständig, also auch im Privatleben, isolieren [...]. Es ist ein

Gebot der Stunde, dass wir die Namen der
Betreffenden offen aussprechen. Unserer
Bevölkerung deren Wohnadressen bekannt
geben ...» (7)

Diggelmann wusste, was es heisst, auf der Flucht zu sein und unter Repression zu leiden. Seine eigene Geschichte diente ihm teilweise als biografisches Material für die Hauptfigur David Boller-Fenigstein. Die ‹Hinterlassenschaft› meint im Roman zunächst das Erbe, das Boller nach dem Tod seines vermeintlichen Vaters antritt. Darunter befinden sich historische Dokumente über die Schweiz zur Zeit des Zweiten Weltkriegs sowie Unterlagen, aus denen er die Wahrheit über seine eigene Herkunft erfährt. Boller wuchs in Zürich bei seinem Grossvater auf – im festen Glauben, dieser sei sein Vater. Der Grund: Davids Mutter, eine Schweizerin, hatte einen deutschen Juden geheiratet und war gemeinsam mit diesem in Auschwitz ermordet worden. Als Kind überlebte er nur deshalb, weil der Grossvater, ein bekannter Kommunist, ihn bei sich versteckte, dann adoptierte und ihm so das Leben rettete. Diggelmanns Roman setzt ein mit Davids Suche nach den eigenen Wurzeln, die gleichzeitig eine Suche nach der Vergangenheit der Schweiz zwischen 1933 und 1945 ist.

In einer Nacht träumt David, seine Eltern hätten im schweizerischen Konsulat der Stadt Essen ein Visum erhalten. Gemeinsam mit Hunderttausenden Juden konnten sie in die Schweiz reisen, wo man sie will-

kommen hiess und wo der Bundesrat Hitler den Krieg androhte, sollte die Verfolgung der Juden kein Ende nehmen.

Die historische Wirklichkeit sah anders aus, und David Boller betrachtet erstaunt die Auslage einer Zürcher Buchhandlung: «Nichts als Belletristik. Kein einziges Buch, dessen Titel darauf schliessen liess, dass es sich mit der jüngsten Vergangenheit der Schweiz befasste.» (8) Diggelmanns Roman, in dessen Erzähltext eine Vielzahl historischer Quellen, die weitgehend unbekannt waren, eingeflochten sind, unternahm selbst den Versuch, diese Lücke zu schliessen. Er brachte das Thema der Schweizer Verstrickung in die Geschichte des Nationalsozialismus pointiert und lautstark auf die Tagesordnung.

MAX FRISCH UND DIE «UNBEWÄLTIGTE SCHWEIZERISCHE VERGANGENHEIT»

Der Umgang mit der Vergangenheit und die latente Angst vor dem Fremden waren von Schweizer Literaten zuvor eher parabelhaft thematisiert worden – prominent in Friedrich Dürrenmatts Komödie «Der Besuch der alten Dame» (1956) und in Max Frischs Theaterstück «Andorra» (1961). Frisch war es denn auch, der kurz vor der Buchpublikation der «Hinterlassenschaft» die Frage formulierte: «Wieweit wird die schweizerische Vergangenheit, die Zeit von 1933 bis 1945, erkennbar in unserer Literatur?» (9)

Sein kurzer Aufsatz erschien im September 1965 in der Literatur- und Kulturzeitschrift «neutralität». Wie Charlotte Schallié bemerkt, hat Frisch damit nicht weniger als «einen neuen literarischen Gedächtnisdiskurs» (10) begründet: Schweizer Schriftsteller sollten ein eigenes Verhältnis zur Geschichte ihres Landes entwickeln. Frischs Artikel steht gleichzeitig für die Ausprägung einer neuen öffentlichen intellektuellen Debattenkultur ab den 1960er-Jahren, die ihr Forum unter anderem in der «neutralität» fand. Auf dem Cover zeigte diese Zeitschrift ein weisses Schweizerkreuz auf rotem Grund. Ihr Titel war reine Provokation. Nichts lag dem Herausgeber Paul Ignaz Vogel ferner, als sich neutral gegenüber den Zeitläuften zu verhalten. Vogel hatte die «neutralität» im Jahr 1963 als 24-Jähriger und ohne grössere finanzielle Mittel gegründet. Schnell knüpfte er Kontakte zu Intellektuellen und entwickelte seine Zeitschrift zu einer wichtigen Diskussionsplattform jenseits der etablierten Medien.

Max Frisch traf Vogel im Sommer 1964 persönlich. Anlass für ein Interview bot die Landesausstellung in Lausanne – ein Ereignis von internationaler Ausstrahlung, mit dem sich Frisch im Vorfeld intensiv auseinandergesetzt hatte. Gemeinsam mit Lucius Burckhardt und Markus Kutter hatte er Mitte der 1950er-Jahre vorgeschlagen, auf die geplante Landesausstellung ganz zu verzichten und stattdessen eine neue, zukunftsorientierte Stadt zu errichten. Dieser provokative Vorschlag sollte die Bürgerinnen und

Bürger des Landes zum Nachdenken über eine moderne Schweiz auffordern und zog ein gewaltiges mediales Echo nach sich. (11)

Im Interview mit der «neutralität» bekräftigte Frisch, der mittlerweile in Rom lebte, seine grundsätzliche Skepsis gegenüber dem Format der Landesausstellung. Er halte die Ausstellung im Zeitalter der modernen Kommunikationsmittel für «eine überholte publizistische Form». (12) Über die «öffentliche Schweiz», wie sie sich in den etablierten Medien zeigte, äusserte er sich kritisch. Umso mehr hob er die Bedeutung von Vogels neuer Zeitschrift hervor:

> *«Um unsere Vergangenheit, ich meine unsere*
> *Massnahmen und Unterlassungen in der*
> *Hitlerzeit, ist es still. War da alles so blitzblank?*
> *Darum hat es mich sehr gefreut, als ich Ihre*
> *kleine Zeitschrift sah, weil hier ein Versuch*
> *gemacht wird, herauszukommen aus einer*
> *Lethargie, bei der es niemand wohl ist. Es ist*
> *ja nicht einmal ein Idyll, es ist ja nicht einmal*
> *wahr, dass sich die Schweizer dumpf wohlfüh-*
> *len; sie haben ganz einfach eine konsolidierte*
> *Angst.» (13)*

Rund ein Jahr später erschien Frischs Beitrag zur «unbewältigten schweizerischen Vergangenheit». Unmittelbar danach folgte im Heft das bereits erwähnte Interview mit Diggelmann. «Warum», fragte Paul Ignaz Vogel den Autor der «Hinterlassenschaft», «haben Sie [...] den schwierigen Weg gewählt, die Wahr-

heit zu sagen, anstatt schöngeistige, pomadierte, über-
flüssige Bücher zu schreiben?» (14)

So tendenziös, wie die Frage des Interviewers formuliert war, verlief die zeitgenössische Debatte um
engagierte Literatur in jenen Jahren. In Deutschland
wurde Peter Weiss für sein dokumentarisches Theaterstück «Die Ermittlung» (1965) über den Frankfur-
ter Auschwitzprozess, das an mehr als einem Dutzend
deutscher Theater gleichzeitig zu sehen war, ebenso
gefeiert wie angefeindet. Max Frisch, obwohl bekannt
als engagierter politischer Staatsbürger, betonte immer wieder die Eigenständigkeit der Literatur:

> *«Kunst ist eine Gegen-Position zur Macht [...].*
> *Ich halte es für ein Missverständnis unsrer*
> *Verantwortung gegenüber der Gesellschaft,*
> *wenn wir uns, wie es eine Zeit lang Mode war,*
> *auf eine direkt politische Literatur verpflichten;*
> *das heisst, dass man die Literatur didaktisch*
> *macht und damit die Funktion der Poesie*
> *aufgibt». (15)*

In seinem Beitrag für die «neutralität» verweist
Frisch darauf, dass das Wort von der «unbewältigten
Vergangenheit» aus der Bundesrepublik Deutschland
stammt, und macht damit gleichzeitig auf ein
Problem aufmerksam: «Sprechen wir von der
unbewältigten Vergangenheit der Schweiz, so wirkt es
peinlich, Gewissensqual aus zweiter Hand; es riecht
nach intellektueller Anbiederung an Deutschland und
somit provinziell; es wirkt sogar komisch durch die

Verspätung.» (16) Die Pointe besteht für Frisch darin, dass die Übernahme des Begriffs in den Schweizer Diskurs den Vergleich mit Nazideutschland impliziert – und der Vergleich der schweizerischen Politik mit der Nazidiktatur muss immer zugunsten der Schweiz ausfallen. Den Begriff von der ‹Vergangenheitsbewältigung› betrachtet Frisch also kritisch, auch wenn er das damit verbundene Anliegen unterstützt.

In Deutschland wurde nach 1945 zunächst verhalten und nicht ohne Abwehrreflexe, dann mit zunehmender Intensität über den Umgang mit der Vergangenheit diskutiert. Die Literaten schrieben wortmächtig gegen das kollektive Schweigen an oder erfanden sich auf kreative Weise neu, indem sie die Vergangenheit hinter sich liessen und eine vermeintliche ‹Stunde Null› zum Startpunkt ihrer ‹Nachkriegsliteratur› erklärten. Was in Deutschland gesagt und publiziert wurde, blieb in der Schweiz nicht unbeachtet. Trotz oder wegen der gänzlich unvergleichbaren historischen Situation wurden auch hier die Stimmen lauter, die danach fragten, wie sich die Schweizerinnen und Schweizer in der Zeit von 1933 – 1945 verhalten hatten. Wie neutral war die Schweiz tatsächlich gewesen?

Als sich der Journalist Peter Rippmann 1954 im «Schweizerischen Beobachter» kritisch zur eidgenössischen Flüchtlingspolitik äusserte, entfachte er eine jahrelange Kontroverse zur Genese der sogenannten «J-Stempel». Mit solchen Stempeln kennzeichneten deutsche Behörden die Pässe jüdischer Deutscher.

Das Skandalon bestand einerseits darin, dass Schweizer Behörden diese Kennzeichnungen überhaupt anerkannten und Reisenden mit «J-Stempel» die Einreise ohne Visa verweigerten, andererseits darin, dass Rippmann behauptete, die Idee zur Einführung der Stempel stamme aus der Schweiz. Heinrich Rothmund, der ehemalige Chef der Eidgenössischen Fremdenpolizei, habe den Stempel erfunden. In den 1990er-Jahren verlangten neue Erkenntnisse, dass der «Beobachter» Rippmanns Behauptungen relativieren musste. Der Stempel selbst war nicht von der Schweiz erfunden worden, doch mit dessen Anerkennung akzeptierten die Schweizer Behörden eine rassistische Kennzeichnung. (17) Rippmann formulierte seine Erkenntnisse im Jahr 1965 nochmals in der Zeitschrift «neutralität» unter dem Titel «unbewältigte schweizerische vergangenheit?». (18) Es ist dieser Titel, den Frisch in seinem Beitrag als Stichwort aufgreift, jedoch ganz anders akzentuiert.

DIE DEBATTE IN DER «WELTWOCHE»

Frischs Text wurde wahrgenommen und am 11. März 1966 in der Zeitung «Die Weltwoche» zusammen mit einer Antwort des Schriftstellers Otto F. Walter erneut abgedruckt. (19) Dessen Replik bildete den Auftakt zu einer Debatte, an der sich in rascher Folge Jean Rudolf von Salis, Peter Bichsel, Adolf Muschg und schliesslich auch Walter Matthias Diggelmann beteiligten. Inhaltlich ging es zunächst um die «unbewäl-

tigte schweizerische Vergangenheit», bald aber öffnete sich die historische Diskussion für ganz andere Fragen: Wie politisch soll die Schweizer Literatur sein? Ist die Schweiz überhaupt ein Gegenstand der Literatur? Und wenn ja, wie lässt sich dieser Gegenstand bewältigen? Der Verlauf der Debatte zeigte nicht zuletzt, dass diese neue Diskursform erst noch erprobt und erlernt werden musste.

Otto F. Walter, 1928 geboren, stand für eine jüngere Schriftstellergeneration und eine Literatur, die formale Experimente ins Zentrum rückte. Deutlich verwahrt er sich gegen eine politische Motivation des Schreibens. Nicht die politische Überzeugung, sondern «das Mass, in welchem Sinn und Form durch Sprache zur Einheit werden», bestimme den Rang der Literatur. Und weiter: «nicht Sartre ist, für mich, der bedeutende politische Schriftsteller der letzten 65 Jahre, sondern Kafka, sondern Joyce, vermutlich Beckett.» (20)

Walter hatte bis 1966 zwei Romane vorgelegt, deren Szenerie am Jurasüdfuss angesiedelt ist. Diese Region, aus der Walter selbst stammte, begreift er als seinen Erfahrungsbereich: «[I]ch wohne im Umkreis von Olten und Aarau. [...] Schweizer bin ich in etwa dritter Linie.» (21) Einer solch engen regionalen Verortung des Schweizerischen widerspricht Jean Rudolf von Salis in seinem Beitrag vom 25. März 1966 vehement. Für ihn hat die Schweizer Literatur, trotz der Mehrsprachigkeit im Land, unverkennbar einen eigenen nationalen Charakter. Und mit einem Wort des

Dirigenten Paul Sacher konstatiert er: «[E]s gibt eine innere Melodie der Nationen.» (22)

Von Salis, 1901 in Bern geboren, war der Schweizer Öffentlichkeit als Publizist und Stimme aus dem Radio bekannt. Als Mitarbeiter von Radio Beromünster, jenem Sender, der ab 1937 auch in Teilen Deutschlands empfangen werden konnte, hatte er während des Kriegs in der wöchentlich ausgestrahlten «Weltchronik» über aktuelle aussenpolitische Ereignisse berichtet. Von Salis begegnet Walter mit dem Blick des älteren Zeitgenossen und mit der Perspektive des Historikers. Für ihn ist es keine Frage, dass die Schweiz als Nation existiert – auch Max Frisch betrachte sie selbstverständlich als «unser Land». Diesem Land und seiner Geschichte solle sich die Literatur widmen. Der dezidierten Abkehr von einem politischen Programm hält er entgegen: «Könnte es nicht sein, dass das Programm immer dann fehlt, wenn man nichts zu sagen hat?» (23)

Peter Bichsel, dessen Antwort am 1. April 1966 folgte, (24) war 31 Jahre alt und hatte im Walter Verlag, den Otto F. Walter leitete, einen schmalen Band mit Kurzgeschichten vorgelegt. Diese «21 Geschichten» – so der Untertitel von «Eigentlich möchte Frau Blum den Milchmann kennenlernen» (25) – widmen sich den einfachen Leuten, den Kleinbürgern, Beamten, Arbeitern und ihrer Lebenswelt. Sie gehen von alltäglichen Situationen aus: von einer Mittagspause in der Behörde, von den Zetteln, die der Milchmann

früh am Morgen hinterlegt, oder vom Nachtessen, das die Eltern um eine Stunde verschieben müssen, weil die Tochter nun in der Stadt arbeitet. Einer erinnert sich daran, wie die Bahn elektrifiziert wurde und ein Bundesrat an der Feier sprach. Wie die Jahreszeiten wechseln die Parteien im Hintergrund: «Inzwischen ist eine andere Partei stark geworden. Inzwischen ist es Frühling geworden.» (26) Das Politische findet in Bichsels Geschichten kaum explizite Erwähnung. Politisch sind die Geschichten aber dennoch, insofern sie gesellschaftliche Verhaltensweisen zeigen, die durch einen bestimmten politischen Rahmen überhaupt erst hervorgebracht werden oder die Voraussetzung für den reibungslosen Betrieb eines Staatswesens sind. Die Geschichten handeln auch von Anpassung und Sauberkeit, von der Steuerung des Lebens durch die Stechuhr, und subtil deuten sie auf die Möglichkeit des Ausbruchs aus all dem hin: Einer schreibt Worte auf einen Zettel, den er dann zerreisst: «Mir ist es hier zu kalt [...], ich gehe nach Südamerika». (27)

Mit seinem Zeitungsbeitrag bringt Bichsel den Namen Diggelmann («längst schwebt er ja im Hintergrund [...] mit») in die Debatte ein und kritisiert ausdrücklich dessen Schreibverfahren, insbesondere die Einbettung historischer Dokumente in den Erzähltext. «Die Hinterlassenschaft» sei «nach dem Rezept ‹verpack es in Geschichte›» gekocht worden. (28) Bichsel, der sich selbst im Gemeinderat engagierte, später als Redenschreiber und Berater für Bundesrat Willi Ritschard tätig war, trennt offenbar das politische

Engagement als Staatsbürger von der Motivation zur Literatur. Die Aufgabe der Literatur sei Darstellung. Wenn es hingegen um die Wiedergabe von Fakten gehe, sei vielmehr das Sachbuch das probate Mittel – ein Buchsegment, das damals einen regelrechten Boom erlebte. Der allgemeine Trend zum Sachbuch und zur Bevorzugung von ‹Fakten› markierte für manch einen eine Kampflinie, die die schöne Literatur überhaupt für obsolet erklärte. Ihren Höhepunkt fand diese Auseinandersetzung in der von Hans Magnus Enzensberger herausgegebenen Zeitschrift «Kursbuch», in der 1968 – so erzählt es jedenfalls die Legende – der «Tod der Literatur» verkündet wurde. (29)

Peter Bichsel gibt sich im Ausdruck bescheidener und spielt das Sachbuch nicht gegen die Belletristik aus. Er verlangt von den Schriftstellern zwar, Fakten zu kennen, diese aber nicht einfach, wie er Diggelmann vorwirft, in einen Erzähltext zu montieren, sondern mittels der Literatur die Lebenswelt in der konkreten Anschauung abzubilden:

> *«Meine Aufgabe als Schriftsteller ist darzustellen, Fakten, Umwelt zu sammeln und zu ordnen. Zu meiner Umwelt kann Geschichte gehören, die Geschichte der letzten dreissig Jahre zum Beispiel, zu meiner Umwelt kann ein Rothmund gehören, aber auch ein Bleistift, eine alte Frau, eine Bierflasche, eine Fahrverbottafel.» (30)*

Auch wenn Bichsel von der literarischen Qualität der «Hinterlassenschaft» nicht überzeugt ist, hält

er das Buch für wichtig und solidarisiert sich mit Diggelmann, der damals als Autor mit dem Gesetz in Konflikt geraten war. 1965 wollte die Berner Polizei einen Vortrag mit Verweis auf das schweizerische Hausierer-Gesetz untersagen, da Diggelmann kein «Patent für das Wandergewerbe» besessen habe. (31) Selbst ein solch skandalöser Vorgang regte Bichsel zufolge in der Schweiz niemanden ernsthaft auf: «Bei uns ist alles und jedes verdammt harmlos, nie tragisch, selten skandalös und bestimmt nicht einfach fassbar oder darstellbar.» (32)

Bevor 1968/69 Tausende Jugendliche rebellierten, blieb die radikale Kritik am Staat eine Sache weniger ‹Nonkonformisten›. An Diggelmanns rauem Ton mochte sich auch Adolf Muschg gestossen haben, der «Die Hinterlassenschaft» als «unbewältigte[s] Buch» bezeichnete. Diggelmann schreibe weder ein politisches Pamphlet noch «gute Prosa» und habe so eine Chance vertan. Auch gegenüber dem dokumentarischen Theater von Peter Weiss äusserte Muschg deutliche Vorbehalte: «[D]er Schauspieler, der den Lagerjargon mit guter Stimme nachspricht, verbreitet ihn.» Man müsse, so Muschg im Anschluss an Hannah Arendt, das Böse an jenem Ort aufscheuchen, «wo es überwintert: in der falschen Unbestechlichkeit, dem kleinkarierten Ressentiment, dem Diensteifer aus mangelhafter Phantasie; in jeder Tugend, die unter Umständen (und jede Tugend kommt in solche Umstände) unmenschlich werden kann». (33)

Muschg, Jahrgang 1934 und damit ein Jahr älter als Bichsel, brachte die kosmopolitische Perspektive aus dem Ausland in die Diskussion ein. Er hatte bereits in Japan und England gelebt und einen ersten Roman vorgelegt, der unter anderem in Japan spielt. Seinen Debattenbeitrag für die «Weltwoche» schrieb Muschg in der deutschen Universitätsstadt Göttingen, wo er als Germanist tätig war. Trotz oder vielleicht gerade wegen seiner Auslandserfahrungen beharrt Muschg auf der Differenz der Schweiz zur «Welt». Er beschreibt die Angst seiner Schweizer Schriftstellerkollegen, im Ausland provinziell zu wirken, und bezieht sich auf das Werk von Max Frisch als provinziell in einem besseren Sinne. Dieses bringe sowohl «die Angst vor der Provinz» als auch «die Sorge um sie» zum Ausdruck.

In dieser Dialektik, die sich nie ganz auf eine Seite schlägt, erkennt Muschg ein spezifisch schweizerisches Moment, das er auch für sich in Anspruch nimmt. «Bewältigen» meint für Muschg kein ideologisches «Grossreinemachen». Er plädiert für die Halbheiten, auch im Schreiben: «Was den Schriftsteller betrifft, hier und anderswo: er bewältigt, indem er sich das süsse Schreiben sauer werden lässt», und weiter: «Die halbe Welt, die halbe Schweiz schmeckt ihm so lange, als ihn die vergessene Hälfte beschäftigen darf. Sie ist nicht zu bewältigen; also versucht er es immer wieder.» (34)

Nach der Kritik, die Bichsel und Muschg an Diggelmann äusserten, erstaunt es nicht, dass

dieser sich schliesslich selbst zu Wort meldete. Der Mit-Auslöser der Diskussion stand in einer interessanten Volte plötzlich als Angegriffener da, der sich verteidigen musste. Nicht ohne Sarkasmus führt Diggelmann die Vorstellung eines ‹Rezepts› für eine engagierte Literatur ad absurdum. Der Stoff sei ihm zufällig begegnet und er sei von ihm affiziert worden – als Bürger wie als Schriftsteller. Diggelmann verweist auf die Aporie, beides trennen zu wollen: «Dieser», der Bürger in ihm, «hat eigentlich die ‹Hinterlassenschaft› produziert. Und nun muss er halt zusehen, wie er damit fertig wird. Ich kann mich wieder der Literatur zuwenden.» (35)

DER ZÜRCHER LITERATURSTREIT

Diggelmanns ironisches Schlusswort lässt an ein ähnliches Schlusswort denken, dem allerdings jede Ironie fehlte: «Wir kehren damit zu Mozart zurück, von dem wir ausgegangen sind, und überlassen uns getrost und ohne schlechtes Gewissen dem unverweslichen Zauber seiner Musik.» (36) Mit diesem Satz beendete Emil Staiger seine Dankesrede zum Literaturpreis der Stadt Zürich im Dezember 1966. Der Satz war einerseits auf den festlichen Anlass im Schauspielhaus bezogen und leitete zum musikalischen Intermezzo über; noch mehr liess er sich aber als programmatische Forderung verstehen. Im Rückblick erscheint die Debatte um die «unbewältigte schweizerische Vergangenheit» und «Die Hinterlassenschaft» wie eine Vorgeschichte

zum «Zürcher Literaturstreit», den Staiger mit seiner Rede entfachte.

Staiger, Ordinarius der Germanistik, erhielt die städtische Auszeichnung für seine einflussreichen Arbeiten als Wissenschaftler, Übersetzer und Literaturvermittler. Seine Vorlesungen an der Universität Zürich waren berühmt und wurden nicht nur von Studierenden, sondern einem breiten bürgerlichen Publikum besucht. Als einer der einflussreichsten Vertreter der zeitgenössischen Germanistik war er weit über die Grenzen der Schweiz hinaus bekannt. Seine Formel vom «Begreifen, was uns ergreift» stand für eine «Kunst der Interpretation» – so der Titel eines seiner Werke –, die von der Liebe zum Gegenstand ausging und sich ganz auf dessen sprachliche Gestalt konzentrierte. Staigers «werkimmanente Interpretation» verlangte nach Versenkung und klammerte die gesellschaftlichen Hintergründe der Literatur nahezu völlig aus. Sie war wie geschaffen für eine Fachwissenschaft, die sich selbst gegenüber der eigenen Vergangenheit weitgehend immunisierte und sich ganz dem Studium ‹grosser Werke› widmete. (37)

Mit Max Frisch, Otto F. Walter und den anderen Teilnehmern in der Debatte um die «unbewältigte schweizerische Vergangenheit» diskutierten die Produzenten von Literatur über ihren eigenen Auftrag, den sie selbst für sich zu definieren suchten. Staiger kehrte die Perspektive in seiner Dankesrede zum Literaturpreis um. Unter dem Titel «Literatur und Öffentlichkeit» sprach er über die Erwartungen der Ge-

sellschaft an die Schriftsteller. In einem erstaunlichen historischen Bogen, der von Homer bis Hofmannsthal reichte, beschwor Staiger eine glorreiche Vergangenheit der Dichtung, in der der Einzelne – wie Schiller gefordert habe – stets bestrebt gewesen sei, seine Individualität «zur reinsten herrlichsten Menschheit hinaufzuläutern». (38) Diesen hohen humanistischen Anspruch vermisst Staiger in der Literatur der Gegenwart – ohne auszuführen, wen genau er kritisiert. Einzig Peter Weiss wird in der Rede deutlich erkennbar. Ein Feindbild stellt für Staiger die engagierte Literatur generell dar:

> «Und heute? Wir begegnen dem Schlagwort ‹Littérature engagée›. Dabei wird aber niemand wohl, der die Dichtung wirklich als Dichtung liebt. Sie verliert ihre Freiheit, sie verliert die echte, überzeugende, den Wandel der Zeit überdauernde Sprache, wo sie allzu unmittelbar-beflissen zum Anwalt vorgegebener humanitärer, sozialer, politischer Ideen wird. So sehen wir denn in der ‹Littérature engagée› nur eine Entartung jenes Willens zur Gemeinschaft, der Dichter vergangener Tage beseelte.» (39)

Indem Staiger von «Entartung» sprach, pathologisierte er nicht nur eine Literatur, die von seiner Norm einer ‹gesunden› Dichtung abwich, sondern rückte gleichzeitig in eine gefährliche Nähe zur Sprache des Nationalsozialismus. Max Frisch reagierte in einem

offenen Brief an seinen Duzfreund: «Endlich kann man wieder von Entarteter Literatur sprechen». (40) Seine Replik war dabei nur eine von zahlreichen Antworten, die in den nächsten Monaten in verschiedenen Zeitungen erschienen und auch in Deutschland breit diskutiert wurden. (41)

Wiederum meldeten sich Peter Bichsel und Otto F. Walter zu Wort. Bichsel kommentierte leicht spöttelnd, wie unverbindlich Werner Weber in einem Beitrag der «Neuen Zürcher Zeitung» zwischen Frisch und Staiger zu vermitteln suche. Staiger habe kein Tabu gebrochen, denn über Obszönitäten in der Literatur hätten schon andere gesprochen: «Und es geht in der Rede tatsächlich nicht nur um den Schmutz, es geht darum, dass die moderne Literatur keine Leitbilder schaffe». (42)

Die Frage nach Leitbildern griff Otto F. Walter auf. Nach einer Lesung in Zürich trug er eine Stellungnahme vor, die in einem Artikel über die Lesung von der «Neuen Zürcher Zeitung» abgedruckt wurde. Walter plädierte für «die Offenheit des Einzelnen», und wo diese angegriffen werde, «da herrsche gelassen: Unversöhnlichkeit.» (43)

Konrad Farner, ebenjener Marxist, dessen Geschichte Diggelmann zum Roman «Die Hinterlassenschaft» angeregt hatte, reagierte ebenfalls auf Staiger und stellte die bürgerliche «Scheinordnung», die jener verkörpere, insgesamt infrage. Staiger rufe «nach moralischen Leitbildern, wo doch die realen Leitbilder seiner Ordnungs-Gesellschaft

Bankpräsidenten sind, die die Steuer genialisch umgehen, Waffenfabrikanten, die erfolgreich nach allen Seiten liefern, Politikanten, die machtgierig das Management tätigen, Verwaltungsräte, die raffend wirtschaftliche Herrschaft konzentrieren ...» (44)

In der Preisverleihung an Staiger sah nicht nur Farner eine «geistige Totenfeier». Als Grabdenkmal für den Abdankenden schlug er jenes Kunstwerk vor, das zuerst auf der Landesausstellung 1964 in Lausanne zu sehen war und für das man anschliessend einen neuen Standort suchte: «Tinguelys frivole, leicht- und tiefsinnige Maschine, die da ständig quiekt und schnurrt und lärmt, um die gepriesene Ordnung ad absurdum zu führen.» (45) Sie kann bis heute beim Zürichhorn in Zürich bestaunt werden.

ANMERKUNGEN

(1) Walter Matthias Diggelmann: Die Hinterlassenschaft. Roman. Piper, München 1965. Im Folgenden zit. nach der Werkausgabe, Bd. 4, hrsg. von Klara Obermüller. edition 8, Zürich 2003. Eine Neuausgabe ist für November 2019 im Zürcher Chronos Verlag angekündigt.
(2) Vgl. Klara Obermüller: Vorwort der Herausgeberin, in: Walter Matthias Diggelmann: Die Hinterlassenschaft (Werkausgabe, Bd. 4). edition 8, Zürich 2003, S. 7 – 8, hier S. 7.
Der Benziger Verlag, gegründet im 18. Jahrhundert im Wallfahrtsort Einsiedeln, war mit dem Vertrieb katholischer Schriften und Devotionalien international

erfolgreich gewesen, musste sich im 20. Jahrhundert aber neu orientieren. Ab den 1950er-Jahren förderte der Verlag gezielt junge Autoren aus der Schweiz, darunter Friedrich Dürrenmatt und Walter Matthias Diggelmann. Über die Geschichte des Verlags informiert Heinz Nauer: Fromme Industrie. Der Benziger Verlag Einsiedeln 1750 – 1970. Hier und Jetzt, Baden 2017.

(3) Der Roman wurde mehrfach übersetzt und im Jahr 2013 unter dem Titel «Manipulation» verfilmt.

(4) Zur «Hinterlassenschaft» und zu Diggelmanns Biografie vgl. etwa Charlotte Schallié: Heim*durch*suchungen. Deutschschweizer Literatur, Geschichtspolitik und Erinnerungskultur seit 1965. Chronos, Zürich 2008, S. 103 ff.

(5) Paul Ignaz Vogel: die hinterlassenschaft. Ein Interview mit Walter Matthias Diggelmann», in: neutralität, 3. Jg., Nr. 10, September 1965, S. 16 – 18, hier S. 17.

(6) Vgl. dazu etwa Lucien Scherrer: Stalins Jünger und der Pogrom, in: Neue Zürcher Zeitung, 237. Jg., Nr. 261 vom 8. November 2016, S. 19.

(7) Diggelmann: Die Hinterlassenschaft (Anm. 1), S. 77.

(8) Ebd., S. 52.

(9) Max Frisch: unbewältigte schweizerische vergangenheit?, in: neutralität, 3. Jg., Nr. 10, September 1965, S. 15 – 16, hier S. 15 (S. 41 – 45 in diesem Band).

(10) Schallié: Heim*durch*suchungen (Anm. 4), S. 98.

(11) Die drei «Basler politischen Schriften» von Frisch, Kutter und Burckhardt erschienen als Reprint unter dem Titel: achtung: die Schriften. Triest Verlag, Zürich 2016.

(12) Paul Ignaz Vogel: und die schweiz? Ein Interview mit

Max Frisch», in: neutralität, 2. Jg., Nr. 5, August 1964, S. 2
– 6, hier S. 6. Zur persönlichen Begegnung des Herausgebers mit Max Frisch vgl. dessen Erinnerungsbuch: Napf.
Eine Gratwanderung im Kalten Krieg. Edition Hälfte, Bern
2005, S. 74 – 78.

(13) Vogel: und die schweiz? (Anm. 12), S. 4.

(14) Vogel: die hinterlassenschaft (Anm. 5), S. 17.

(15) Max Frisch in einer Rede vor dem PEN-Kongress
in Stockholm. Veröffentlicht als: Verantwortung des
Schriftstellers, in: Moderna Språk, 73. Jg., Nr. 72 (1978),
S. 261 – 263, hier S. 262.

(16) Frisch: unbewältigte schweizerische Vergangenheit?
(Anm. 9), S. 15.

(17) Vgl. Judenstempel: Korrektur einer Halbwahrheit, in: Beobachter, 19. März 2001, online in URL:
https://www.beobachter.ch/burger-verwaltung/
judenstempel-korrektur-einer-halbwahrheit-0
(07.07.2019).

(18) Peter Rippmann: unbewältigte schweizerische
vergangenheit? Die schweizerische Flüchtlingspolitik zur
Zeit der Nazis, in: neutralität, 3. Jg., Nr. 8/9, S. 26 – 28.

(19) Max Frisch / Otto F. Walter: Unbewältigte schweizerische Vergangenheit?, in: Die Weltwoche, 34. Jg., Nr.
1687 vom 11. März 1966, S. 25 – 26 (S. 41 – 58 in diesem
Band).

(20) Ebd., S. 26.

(21) Ebd.

(22) Jean Rudolf von Salis: Unser Land als Gegenstand
der Literatur. J. R. von Salis äussert sich zur Kontroverse
Max Frisch – Otto F. Walter, in: Die Weltwoche, 34. Jg.,

Nr. 1689 vom 25. März 1966, S. 25 – 26, hier S. 25 (S. 59 – 72 in diesem Band).

(23) Ebd.

(24) Peter Bichsel: Diskussion um Rezepte. Unbewältigte schweizerische Vergangenheit? Peter Bichsel äussert sich zur Kontroverse Max Frisch / J. R. von Salis – Otto F. Walter, in: Die Weltwoche, 34. Jg., Nr. 1690 vom 1. April 1966, S. 25 (S. 73 - 85 in diesem Band).

(25) Peter Bichsel: Eigentlich möchte Frau Blum den Milchmann kennenlernen. Walter Verlag, Olten 1964. Im Folgenden zit. nach der Neuauflage von 1966.

(26) Ebd., S. 47.

(27) Ebd., S. 34.

(28) Bichsel: Diskussion um Rezepte (Anm. 24).

(29) Vgl. dazu Henning Marmulla: Enzensbergers Kursbuch. Eine Zeitschrift um 68. Matthes & Seitz, Berlin 2011.

(30) Bichsel: Diskussion um Rezepte (Anm. 24).

(31) Vgl. dazu: Umherziehende Person. Diggelmann, in: Der Spiegel, 19. Jg., Nr. 47 vom 17. November 1965, S. 147.

(32) Bichsel: Diskussion um Rezepte (Anm. 24).

(33) Adolf Muschg: Ein Versuch, sich die Hände zu waschen, in: Die Weltwoche, 34. Jg., Nr. 1693 vom 22. April 1966, S. 25 (S. 86 – 94 in diesem Band).

(34) Ebd.

(35) Walter Matthias Diggelmann: Ein Rezept, wie man aus schweizerischer Vergangenheit Bücher, Romane oder gar Kapital schlagen kann?, in: Die Weltwoche, 34. Jg., Nr. 1693 vom 22. April 1966, S. 25. (S. 95 – 99 in diesem Band).

(36) Emil Staiger: Literatur und Öffentlichkeit, in: Neue Zürcher Zeitung, 187. Jg., Nr. 5525 vom 20. Dezember 1966, Blatt 5.

(37) Zur unbewältigten Vergangenheit der Schweizer Germanistik vgl. Julian Schütt: Germanistik und Politik. Schweizer Literaturwissenschaft in der Zeit des Nationalsozialismus. Chronos, Zürich 1996.

(38) Staiger: Literatur und Öffentlichkeit (Anm. 36).

(39) Ebd.

(40) Max Frisch: Endlich darf man es wieder sagen. Zur Rede von Emil Staiger anlässlich der Verleihung des Literaturpreises der Stadt Zürich am 17. Dezember 1966, in: Die Weltwoche, 34. Jg., Nr. 1728/29 vom 23. Dezember 1966, S. 25.

(41) Einen Überblick über die Debatte gab bereits nach kurzer Zeit die Zeitschrift «Sprache im technischen Zeitalter», Nr. 22 (April-Juni 1967): Der Zürcher Literaturstreit. Eine Dokumentation.

(42) Peter Bichsel: Unverbindlichkeiten, in: Die Weltwoche, 35. Jg., Nr. 1730 vom 6. Januar 1967, S. 22.

(43) Zit. nach: Literarischer Club Zürich. Ein Abend mit Otto F. Walter, in: Neue Zürcher Zeitung, 188. Jg., Nr. 194 vom 16. Januar 1967, S. 1.

(44) Konrad Farner: «Er wäre nicht gestorben!», in: Vorwärts, 23. Jg. Nr. 4 vom 26. Januar 1967, S. 4.

(45) Ebd.

Mit dem neuesten Hef
Nummern der «neutrali
hat Paul Ignaz Vogel d
in Basel aus eigener Ini
persönlichem Einsatz ;
diese «neutralität» in
eindeutig ist, gilt sie für
Kompromiss als Norm
nicht-konformistisch. Je
«neutralität» zum klein
tigen Forums in der Sch
und fand auch sogleic
intellektueller Kre
Vogel konnte Originalbe
Frisch, Böll, Hochhuth, ı
öffentlichen. Für Nr.
Frisch einen Aufsatz ge
bewältigte schweizerisch
heit. Er zielte damit auf
die sich der politische
Schweiz entzieht. Was F
Aufsatz zur Diskussion
Thema, das nicht nur b
ebenso in London wie
tiert wird: ab wann wir
verpflichtend, und wird
pflichtend, wenn sie sich
tischen Realität befasst?
der ein Anruf an die liter
darstellte, drucken wir
geben gleichzeitig die
einer seiner jungen Sc
legen, Otto F. Walter, g

Unbewältigte schweizer

MAX FRISCH:

Unter diesem Titel befasste sich Peter
ppmann mit der schweizerischen Flücht-
gspolitik in der Hitler-Zeit, und natür-
h wäre unter diesem Titel noch allerlei
rzutragen; aber davon soll jetzt nicht die
ede sein; was mich im Augenblick be-
häftigt, ist der Titel selbst. Warum hat
eser Slogan (ich habe ihn auch schon ge-
aucht, wenigstens mündlich) keine
nance, etwas in Bewegung zu bringen?
er von unbewältigter Vergangenheit hört,
nkt an Deutschland; der Begriff ist in
eutschland formuliert worden. Sprechen
r von der unbewältigten Vergangenheit
r Schweiz, so wirkt es peinlich, Gewis-
nsqual aus zweiter Hand; es riecht nach
tellektueller Anbiederung an Deutschland

kommen sind und die uns beschäftigen
müssten, sofern wir die Schweiz als eine
Realität wollen, nicht als Plakat, das niemals ein Lebensraum sein kann. Meine
Frage:

Wieweit wird die schweizerische Vergangenheit, die Zeit von 1933 bis 1945,
erkennbar in unserer Literatur? Was Peter
Rippmann in seinem Aufsatz aufgreift: wieviel oder wie wenig davon hat Gestalt bekommen in der schweizerischen Literatur?
Ich denke nicht an literarische Proteste gegen Hitler, die es gegeben hat (vor allem
vor dem Krieg) und die noch nichts aussagen darüber, wie unser Volk sich verhalten hat im Guten und im Bösen, sondern
ich frage nach Darstellungen des schweize-

kann, aber nie Literatur
dass unser Land kaum r
der schweizerischen Litera
kann man allerdings von
schen Literatur sprechen,
scheidet von französischer,
nischer Literatur; wir be
mit Schuld. Wenn Schuld,
schuld oder Schuld einer F
Landesschuld. Haben wir
scheint uns keine zu bed
Roman, der sie darstellt
stellung bewältigt, ist mi
Ist die Schweiz kein tragisc
an der Schweiz leidet, ersc
path; sein Unbehagen refle
Person, sein Versagen als
private Krise, das Ressenti
ken gegenüber dem Kolle
ist. Ich verwundere mich
Ausland anzutreten hab
über das Ausbleiben eine
aussen kommen könnte: V

Vorbemerkung der «Weltwoche»

Mit dem neuesten Heft liegen zwölf Nummern der «neutralität» vor. 1963 hat Paul Ignaz Vogel diese Zeitschrift in Basel aus eigener Initiative und mit persönlichem Einsatz gegründet. Da diese «neutralität» in ihrer Haltung eindeutig ist, gilt sie für viele, die den Kompromiss als Norm nehmen, als nichtkonformistisch. Jedenfalls ist die «neutralität» zum kleinsten der wichtigen Forums in der Schweiz geworden und fand auch sogleich die Zustimmung intellektueller Kreise; Paul Ignaz Vogel konnte Originalbeiträge u. a. von Frisch, Böll, Hochhuth, Diggelmann veröffentlichen. Für Nr. 10 hat Max Frisch einen Aufsatz geschrieben: Unbewältigte schweizerische Vergangenheit. Er zielte damit auf eine Literatur, die sich der politischen Realität der Schweiz entzieht. Was Frisch in diesem Aufsatz zur Diskussion stellt, ist ein Thema, das nicht nur bei uns, sondern ebenso in London wie in Paris diskutiert wird: ab wann wird die Literatur verpflichtend, und wird sie dann verpflichtend, wenn sie sich mit der politischen Realität befasst? Diesen Aufsatz, der ein Anruf an die literarische Schweiz darstellte, drucken wir hier ab und geben gleichzeitig die Antwort, die einer seiner jungen Schriftsteller-Kollegen, Otto F. Walter, geschrieben hat.

Max Frisch

UNBEWÄLTIGTE SCHWEIZERISCHE VERGANGENHEIT?

Unter diesem Titel befasste sich Peter Rippmann mit der schweizerischen Flüchtlingspolitik in der Hitler-Zeit, und natürlich wäre unter diesem Titel noch allerlei vorzutragen; aber davon soll jetzt nicht die Rede sein; was mich im Augenblick beschäftigt, ist der Titel selbst. Warum hat dieser Slogan (ich habe ihn auch schon gebraucht, wenigstens mündlich) keine Chance, etwas in Bewegung zu bringen? Wer von unbewältigter Vergangenheit hört, denkt an Deutschland; der Begriff ist in Deutschland formuliert worden. Sprechen wir von der unbewältigten Vergangenheit der Schweiz, so wirkt es peinlich, Gewissensqual aus zweiter Hand; es riecht nach intellektueller Anbiederung an Deutschland und somit provinziell; es wirkt sogar komisch durch die Verspätung. Vor allem verhindert dieser Slogan, dass uns die Dinge, die er etikettiert, wirklich zu schaffen machen. Erstens wird man sagen müssen: Himmler und unser Rothmund, das ist dann immerhin noch ein Unterschied. Die Verweigerung des Asyls («Das Schiff ist voll») und der Massenmord, das lässt sich in der Tat nicht unter den gleichen Slogan bringen. Zweitens erscheint ein Gewissen, das sich als Plagiat formuliert, wenig glaubhaft. Wieso formulieren wir's als Plagiat? Das ist nicht ungeschickt, im Gegenteil, das ist sehr geschickt; spricht

man nämlich als Schweizer über die Schweiz, wört-
lich von unbewältigter Vergangenheit, so wird eben
durch die Übernahme der Terminologie schon der
Vergleich mit dem damaligen Deutschland eingebaut,
ein Vergleich, der selbstverständlich, was das Aus-
mass der Schuld betrifft, zu unsern Gunsten ausfallen
muss. Schliesslich haben wir niemand vergast. Dies
als Ergebnis der schweizerischen Selbsterforschung.
Wir sind, indem wir uns terminologisch der deutschen
Selbsterforschung anschliessen, vergleichsweise immer die Unschuldigen, und was in der Schweiz gesche-
hen oder unterlassen worden ist, scheint nicht der Rede wert. Tatsächlich ist meines Wissens wenig erzählt
oder geschrieben worden, was als Bewältigung unserer Vergangenheit gewertet werden könnte, wenig im
Vergleich zu den Memoiren, die heroisieren oder lieber noch idyllisieren. Dabei haben die meisten von
uns durchaus Erinnerungen an die Realität, und wenn
das Gedächtnis nachlässt, gibt es Dokumente, die zum
Vorschein gekommen sind und die uns beschäftigen
müssten, sofern wir die Schweiz als eine Realität wollen, nicht als Plakat, das niemals ein Lebensraum sein
kann. Meine Frage:

Wieweit wird die schweizerische Vergangenheit,
die Zeit von 1933 bis 1945, erkennbar in unserer Literatur? Was Peter Rippmann in seinem Aufsatz aufgreift: wieviel oder wie wenig davon hat Gestalt bekommen in der schweizerischen Literatur? Ich denke
nicht an literarische Proteste gegen Hitler, die es gegeben hat (vor allem vor dem Krieg) und die noch nichts

aussagen darüber, wie unser Volk sich verhalten hat im Guten und im Bösen, sondern ich frage nach Darstellungen des schweizerischen Verhaltens selbst, so wie die Deutschen sie haben, die Franzosen, die Italiener. Hat die Schweiz der letzten Jahrzehnte eine Literatur, in der sie sich erkennen muss, und wenn nicht, warum nicht? Freilich gibt es ein grosses Stück, das unser schweizerisches Dilemma darstellt, aber es ist ein Stück von Brecht, nämlich «Der gute Mensch von Sezuan»; warum gibt es kaum eine Darstellung am schweizerischen Beispiel?

PRIVATE KRISEN

Wir mussten Dinge tun, die Verrat an unseren Grundsätzen waren, und sie werden dadurch, dass wir die Erinnerung daran verdrängen und durch keine Literatur auf sie verwiesen bleiben, nicht aus der Geschichte geräumt; das versetzt uns lediglich in ein Vakuum; das wiederum macht unsicher und empfindlich. Bleiben wir bei der Literatur. Wir haben ein anderes Stück, nicht minder gross, ein Stück von Dürrenmatt, «Der Besuch der alten Dame»: anwendbar auf die Schweiz, gewiss, aber es meint nicht die Schweiz im besonderen, es ist anwendbar auch auf andere. (Dasselbe gilt von «Andorra».) Gäbe es einen literarischen Atlas, so erschiene die Schweiz zur Hitler-Zeit als eine Terra incognita: weiss, was aber nicht Unschuld bedeutet. Wenn wir vom Eigenlob absehen, das zwar geschrieben werden kann, aber nie Li-

teratur wird, zeigt sich, dass unser Land kaum noch ein Thema der schweizerischen Literatur ist. Insofern kann man allerdings von einer schweizerischen Literatur sprechen, die sich unterscheidet von französischer, deutscher, italienischer Literatur; wir befassen uns nicht mit Schuld. Wenn Schuld, dann Allerweltsschuld oder Schuld einer Person, aber nicht Landesschuld. Haben wir keine? Jedenfalls scheint uns keine zu bedrängen; der grosse Roman, der sie darstellt und durch Darstellung bewältigt, ist mir nicht bekannt. Ist die Schweiz kein tragisches Thema? Wer an der Schweiz leidet, erscheint als Psychopath; sein Unbehagen reflektiert bloss seine Person, sein Versagen als Individuum, seine private Krise, das Ressentiment eines Kranken gegenüber dem Kollektiv, das gesund ist. Ich verwundere mich oft, wenn ich im Ausland anzutreten habe als Schweizer, über das Ausbleiben einer Frage, die von aussen kommen könnte: Was ist euer Beitrag an verbindlicher Selbstdarstellung? Vielleicht hatte die Schweiz noch selten so viele Talente wie heute, stilistische Talente. Was schreibt die junge Generation? Die Geschichte des Landes, seine jüngste Vergangenheit, sein Verhalten angesichts der Katastrophe, deren Folgen auch unsere Existenz bestimmen, sind kaum ihr Gegenstand; die jüngere Literatur der Schweiz, die Generation, die in Deutschland vertreten ist durch Martin Walser, Uwe Johnson, Günter Grass, Hans Magnus Enzensberger, Alexander Kluge und viele andere, ist fast ausnahmslos apolitisch oder abstrakt-politisch, und es gibt hier nichts

zu bewältigen, scheint es, im Gegensatz zu Deutschland und Frankreich und Italien; die Auseinandersetzung mit den gesellschaftlichen Utopien des Zeitalters spielt hinein, aber ist nicht der Brennpunkt. Das Vater-Sohn-Problem, ja, aber es stellt sich nicht geschichtlich; das Ich-Problem, das Realität-Problem, das Ehe-Problem, vor allem aber das Erzähl-Problem. Was schweizerisch ist: die landschaftliche oder städtische Szenerie, die soziale Gegebenheit als Szenerie, nicht als Thema. Was beim Älteren als Resignation bewertet werden mag, als Rückzug, erscheint bei den Jüngeren als Ausgangslage: ohne Resignation, blank und unbedenklich. Das ist kein Anlass zum Vorwurf, aber zur Frage: Ist unser Land für seine Schriftsteller kein Gegenstand mehr? Und wenn es so sein sollte: Warum? Was heisst das in bezug auf das Land? Literatur ist eine Wünschelrute: wo sie nicht in Bewegung gerät, da ist keine Quelle. Ist das die Antwort? Ich weiss nicht.

(Die Weltwoche, Nr. 1687, 11. März 1966)

Ebenfalls abgedruckt in: Max Frisch: Gesammelte Werke in zeitlicher Folge, Bd. V. Suhrkamp, Frankfurt am Main 1976, S. 370 – 373.

Otto F. Walter

DREI VORBEMERKUNGEN:

ERSTENS:

Wenn wir Max Frischs Frage «Unbewältigte schweizerische Vergangenheit?» ohne Resonanz lassen, geschieht wieder einmal hierzulande nichts weiter, als dass ein wichtiger Anstoss, den ein Schriftsteller öffentlich und direkt unserem Bewusstsein zu geben versucht hat, ins Leere geht. Die Frage, verbunden mit zahlreichen Zusatzfragen und einigen Feststellungen, richtet sich, wenn ich recht lese, nicht in erster Linie an die Wissenschaft – obgleich vielleicht die Psychologie, die Soziologie, die Literaturwissenschaft am ehesten Genaues dazu mitzuteilen hätten; sie richtet sich an die in der Schweiz heute Schreibenden. Ich nehme den Anstoss hier an als *einer* der Angefragten und mit dem Vorschlag, dass die Kollegen von der Schriftstellerei, vor allem die Autoren meiner Generation, sich ebenfalls äussern.

ZWEITENS:

Lese ich einen auf die Literatur bezogenen Titel «Unbewältigte schweizerische Vergangenheit?», so werde ich vorerst rebellisch gestimmt. Ich wittere ein Soll. Verlangt hier jemand indirekt mir als Schreiber eine moralische oder politische Leistung ab, im Namen zwar vielleicht nicht des christlichen Abendlandes,

des Sozialismus, des Kapitalismus, aber möglicherweise immerhin im Namen einer Instanz, die ich, vielleicht zufällig, als Instanz nicht begreife? Ich fürchte den alten, aus seiner Zeit verstehbaren Ruf Sartres nach dem direkten politischen Engagement der Literatur, der viel gut gemeinte und viel gute politische Aktivität der Schriftsteller und wenig Literatur provoziert hat. Die Lektüre indessen von Max Frischs Überlegungen hat mich da – fast – beruhigt. Sie sind sachlich, skeptisch selbst sich selbst gegenüber, und fair. Sie führen in ein wahres Labyrinth von unerhellten Problemen: Generationsproblem innerhalb der Literatur von heute, Verhältnis von Literatur und nationaler Gesellschaft, Wesen der Literatur usw.

DRITTENS:

Allein schon in der Tatsache der Fragestellung äussert sich ein Glaube. Der Glaube oder zumindest die Hypothese, Literatur könne bewältigen. Kann sie das, die Vergangenheit, die Gegenwart oder was immer? Kann sie, härter gefragt: politisch wirken? Überhaupt: wirken? Auf diese Grundfragen reagiert in mir der Verdacht, Literatur sei ihrem Wesen nach ohne jede verändernde Wirkung, sie sei absolut zum Scheitern verurteilt, und erst dort, wo wir keine Hoffnung auf eine Wirkung mehr mit ihr verbänden, beginne vielleicht wieder die Chance einer Wirkung; die Chance, dass von einem Roman, einem Gedicht, einem Bühnenstück zwar gewiss nicht die Verhältnisse, aber viel-

leicht das je einsame Bewusstsein von zwei, drei Lesern oder Zuschauern um ein winziges Stück verändert werden könnten, bereichert um ein Stück Erkenntnis. Ich fürchte, wer von der Literatur mehr erwartet, überfordert sie. Er muss an ihr verzweifeln.

DIE ZENTRALE FRAGE LAUTET:

«Wieweit wird die schweizerische Vergangenheit, die Zeit von 1933 bis 1945, erkennbar in unserer Literatur?» Die Frage wird ausgeführt, dann wird sie gerichtet an eine bestimmte Generation: «Vielleicht hatte die Schweiz noch selten so viele Talente wie heute, stilistische Talente. Was schreibt die junge Generation?» Und deutlicher: «Die jüngere Literatur der Schweiz, die Generation, die in Deutschland vertreten ist durch Martin Walser, Uwe Johnson, Günter Grass, H. M. Enzensberger, Alexander Kluge und viele andere, ist fast ausnahmslos apolitisch oder abstrakt-politisch, und es gibt hier nichts zu bewältigen, scheint es, im Gegensatz zu Deutschland, Frankreich und Italien.» – Max Frisch vergleicht: Hier die Vergangenheit der Nazi-Zeit, des Faschismus; die Literaturen Deutschlands, Frankreichs, Italiens haben sie zu ihrem Thema gemacht, die Literatur der Schweiz nicht. Eine Gemeinsamkeit der uns umgebenden Länder wird so zum Allgemeinen, zur Norm erklärt, die Schweiz zum *Sonderfall*. Mir scheint, Max Frisch irrt hier, und zwar im Augenblick, da er die Generation definiert. Ich kenne – auch nach Befragung der Romanisten – nicht *ei-*

48

nen Autor von auch nur einigem Rang zwischen 20 und 45 Jahren in Frankreich oder Italien, der sich direkt und wie die gleichaltrigen, oben namentlich erwähnten deutschen Autoren, mit dem Thema literarisch auseinandergesetzt hätte. Andersherum: innerhalb der erwähnten europäischen Literaturen bildet nicht die Schweiz den Sonderfall; ihre Literatur entspricht thematisch der jüngeren Literatur Italiens und Frankreichs. Der Sonderfall ist Deutschland, so sehr, dass man geradezu versucht wäre, von einem neuen Typus von Nationalliteratur zu sprechen, der sich in diesem wesentlichen Punkt seiner Thematik und damit natürlich auch dem des Stils von der italienischen, der französischen, der schweizerischen Literatur unterscheidet. – Aber: Vittorini, Levi, Silone, Pavese, Ginzburg, als grosse italienische Beispiele – Camus, Vercors, Sartre, Cayrol, als Beispiele bedeutender französischer Literatur voller politischer, zumindest gesellschaftskritischer Bezüge: was ist denn damit? – Alle diese Autoren waren mindestens 30 Jahre alt, als die Tausend Jahre vorerst zu Ende gingen.

Mit scheint, der von Max Frisch entworfene Sonderfall Schweiz erweist sich als Fehlkonstruktion. Es wäre reizvoll, wenn wir dennoch den Sonderfall – den der bundesdeutschen Literatur (und den anderen: den der DDR-Literatur) diskutieren könnten. Wobei gleich zu fragen wäre, ob etwa die Beispiele, die als literarische Bewältigung der Vergangenheit zitiert wurden, als das gelten können und wollen. Günter Grass?

– Ja. Uwe Johnson und das Dritte Reich? Walsers bisheriges Hauptwerk «Halbzeit» und das Dritte Reich?

Oder wollen wir eingehen auf die Gegenfrage, immer noch innerhalb der von Max Frisch intonierten Generationskategorien: wo ist die ältere Literatur der Schweiz, die sich mit der vom Faschismus überschatteten Vergangenheit kritisch befasste, die mittlere Generation, die in Frankreich, Italien oder Deutschland vertreten ist u.a. durch die erwähnten italienischen und französischen Namen sowie etwa Heinrich Böll, Alfred Andersch, Anna Seghers, Wolfgang Borchert, Stephan Hermlin, Peter Huchel, Wolfdietrich Schnurre, Wolfgang Weyrauch, Hans Werner Richter, Peter Weiss? – Die Frage diskutieren, hiesse, ein Schwarz-Peter-Spiel eröffnen. Was soll's. Auch Max Frisch hat es offensichtlich darauf nicht abgesehen.

Oder: wollen wir untersuchen, ob es diese Leere in der Literatur der Schweiz wirklich gibt, mit der einen Ausnahme: dem Stück «Der Besuch der alten Dame» von Friedrich Dürrenmatt? Ist diese Literatur frei von Aufklärungstendenzen, von auf die schweizerische Gesellschaft bezogener Kritik, von politischem Gehalt? Was ist mit «Andorra», mit «Stiller» von Max Frisch? Mit den Arbeiten der Älteren, Kurt Guggenheim, Gustav Keckeis? Wie steht es *wirklich*, auf unser Thema bezogen, mit dem Schaffen der Jüngeren – alphabetisch: Bichsel, Boesch, Diggelmann, Federspiel, Gross, Jäggi, Jent, Kutter, Loetscher, Marti, Meier, Monnier, Muschg, Nizon, Steiner, Velan, um nur einige Prosa-Schriftsteller zu nennen? – Wie, wenn die

Universität, wenn ein Institut wie die ETH, wie, wenn eine Redaktion in dieser Frage einmal gründliche Forschungsarbeit betriebe?

Oder ob wir die eine, in die Tiefe zielende Frage, die am Schluss von Max Frischs Problemstellung zum Vorschein kommt, aufnehmen sollen? Sie heisst: «Ist unser Land für seine Schriftsteller kein Gegenstand mehr? Und wenn es so sein sollte: warum?» – Eine Riesenfrage. *Mindestens fünf Fragen* stecken darin. Ich kann die Antwort darauf nur einzukreisen versuchen, und nur wieder durch Fragen.

ZUNÄCHST: WAS HEISST «UNSER LAND»?

Wir sind staatspolitisch, ökonomisch und also organisatorisch eine Einheit, gestützt durch eine Verfassung. Insofern gibt es die Schweiz. Es gibt sie ausserdem durch die Gemeinschaft der Erfahrung der diesen geographisch definierten Bereich bewohnenden Splittergruppen und winzigen Einheiten, durch eine Gemeinsamkeit der jüngeren Geschichte. Aber darüber hinaus? Sind wir eine Nation? Kommt das nationale Denken, das hier, im Bezirk der Literatur, Max Frischs Fragen mitbestimmt, an den «Gegenstand» überhaupt heran? Die Schweiz ist eine Genossenschaft, durch den Eid der Gründer garantiert. Die Genossenschafter wussten, sie durften keine Einheit schaffen; sie garantierten sich, jeder dem anderen, sein Recht auf die ganz bestimmte Kondition, unter der er als Urner oder Basler oder Tessiner oder Ap-

penzeller oder Zürcher oder Jurassier oder Solothurner existierte. Sie sagten sich Schutz gegenseitig zu, ganz praktisch, ganz unidealistisch und höchstens ahnend, dass sie ein Staatsprinzip wiedererfanden: die Demokratie. Wie kann dieses Gebilde, diese Vielheit von Konditionen (und Sprachen), als Ganzes und als unser Land ein Gegenstand unserer Literatur sein? – Ich stamme aus dem Kanton Solothurn, aus dem Bezirk Thal, aus der sehr kleinen Gemeinde Rickenbach, ich wohne im Umkreis von Olten und Aarau. Da liegt mein Erfahrungsbereich, da und in den grossen Städten, die ich besonders mag. Auf das Risiko hin, als provinziell zu erscheinen: äusserlich aus diesem Grund heraus schreibe ich. Schweizer bin ich in etwa dritter Linie. Wäre möglich, dass das föderalistische Prinzip, dass die Demokratie Konditionen auch für die Entstehung oder Nichtentstehung bestimmter Literatur-Arten schafft? Ich vermute es.

WAS HEISST: KEIN GEGENSTAND «MEHR»?

Das «nicht mehr» in dieser Frage setzt still die Tatsache voraus, die Schweiz sei Gegenstand der Literatur einmal gewesen. Wann war das? – Zur Zeit des «Armen Mannes im Toggenburg»? Zur Zeit Pestalozzis? – Sie ist es einmal gewesen, anscheinend, wenn man an Gottfried Keller denkt, an jene Zeit, da die Utopie der Schweiz als Nation, als einer politischen und kulturellen Einheit so stark war, dass sie, getragen vom Pathos der Neugründung von 1848, zum Lebens-

gefühl zu werden vermochte – wie ich als Amateur-historiker glaube. Aber der grosse Gotthelf? Regionalist, Bern, Lützelflüh, Utzenstorf. Noch einmal, als Ergebnis der Erfahrung des Weltkrieges 1914, nationaler literarischer Aufschwung: Inglins «Schweizerspiegel» als Beispiel. Aber wieder: Robert Walser, Spitteler, Hohl und erst recht Ramuz? – Eine Schriftsteller-Generation, vor der die Schweiz als Gegenstand zerfiel in die – nur scheinbar – private Innenwelt, als Schweiz im Werk gegenwärtig höchstens in der Gestalt einer isolierenden, den Ausbruch aus der Einsamkeit provozierenden Mauer.

WAS HEISST: «FÜR DIE SCHRIFTSTELLER KEIN GEGENSTAND?»

Diese Teilfrage reisst beiläufig ein Thema an, zu dem mir Allgemeines nicht einfällt. Bin ich, (auch) als Schreiber, frei zu wählen? Greife ich einen «Gegenstand» auf, oder greift er mich auf. Le style, c'est l'homme – bin ich also vielleicht sogar selbst in der Wahl der Mittel unfrei? Ich schreibe, indem ich mich der Faszination eines Worts, eines Bildes überlasse, und indem ich dann versuche, die zur Gestaltung dessen, was die Faszination auslöst, tauglichste Methode zu finden, gefördert von der Hoffnung, diesem Ding, das da entsteht, ein Stück Leben zu geben und diesem Stück Leben ein Stück Erkenntnis abzugewinnen. Wenn der Ausgang zu Beginn schon feststeht, wenn die Antwort schon da ist, noch während ich sie schrei-

bend verfolge, wenn die Fremdenpolizei als Täter – beispielsweise – schon vorgegeben ist, noch bevor ich aufgebrochen bin, den Täter schreibend zu stellen, wenn das bittere, verrückte und süsse Leben für mich schon überblickbar ist, noch bevor ich versuchte, es aus Worten zu sich selbst zu erwecken, ist die Schreiberei für mich langweilig. Ich nehme an, der Schaffensprozess hat gerade damit zu tun, dass die Komplexe und Fragen, die von der Gesellschaft aus ihrem Bewusstsein verdrängt und in den Bereich des Schweigens abgeschoben werden, im – zugegeben: besten Fall – exemplarisch in uns ausgetragen werden müssten, bis sie in der Gestalt des Geschriebenen an die Öffentlichkeit zurückgegeben werden können.

WAS HEISST: «UND WENN ES SO SEIN SOLLTE?»

Max Frisch hat, als er die Frage stellte, sie schon stillschweigend beantwortet. Hat er, als er die Literatur der Schweiz von heute (auch mir bleibt nur diese Vereinfachung) auf ihre gesellschaftliche Relevanz hin betrachtete, gewissermassen die Linse zu eng eingestellt? – Stiller als der Mann, der mit sich selber identisch werden will, die Schweiz als das Land, das mit sich selber identisch werden will – warum Literatur nicht auch einmal mit dem «Weitwinkel-Objektiv» betrachten? Ist es wirklich Zufall, dass dieser bedeutende Roman in der Mitte der fünfziger Jahre hierzulande geschrieben wurde? Ich meine nur: wie, wenn wir uns mit grösserer Bereitschaft als gemeinhin im

Gebiet der Schweiz üblich die Gestalten, Motive *und* Stilmittel der literarischen Werke auf ihren Charakter als Stellvertreter von Gruppen und deren Verhalten hin anschauten? Wie, wenn vor allem die Literaturkritik sich hier gründlicher zur Auseinandersetzung entschlösse? Wie also, wenn es «so» nun nicht wäre?

BLEIBT DIE FÜNFTE FRAGE: «WARUM?»

Warum aber was? Entweder unser Land ist für seine Schriftsteller ein Gegenstand, oder es ist es nicht. Ist es ein Gegenstand, so erübrigt sich die Diskussion. Ist es keiner, so bleibt ein zusätzliches Entweder-Oder. Entweder sind die Schriftsteller (der jüngeren Generation) unpolitisch oder nur abstrakt-politisch interessiert; diese Annahme lässt sich von jedem überprüfbar widerlegen, der aus persönlichen Gesprächen mit den Autoren heraus weiss, mit welchem Eifer (bisweilen auch: mit wieviel Naivität) sie sich immer neu an politischen Problemen festbeissen und übrigens auch sich darüber öffentlich äussern (Anti-Atom-Erklärung, Diggelmanns Provokationen, Loetschers Fernseh-Affäre, Vietnam-Appelle, Kutters «Sachen und Privatsachen» als Beispiele). Oder aber: was sie schreiben, ist nicht oder zu wenig Literatur.

Ein Salto? Unser Land wäre – oder wäre nicht – ein Gegenstand unserer Schriftsteller, weil das Ganze eine Frage der literarischen Qualität, des stilistischen Kalibers ist? – Ich glaubte tatsächlich, hier, im Bereich der Literatur und ihrer Kriterien, entscheidet sich jede

Frage nach der politischen Bezogenheit der Literatur. Vorausgesetzt, dass wir die Begriffe «Politik» und «Literatur» weit und genau genug fassen – soweit, dass sie sich in ihrem Subjekt und ihrem Objekt treffen: im Menschen, der als «zoon politikon» im Zentrum jeder politischen und jeder literarischen Bemühung steht. Je höher der künstlerische Rang der Literatur – dieser Kunst des Indirekten –, desto grösser die gesellschaftliche Relevanz. Was bestimmt ihren Rang? Das Mass, in welchem Sinn und Form durch Sprache zur Einheit werden; es ist auch das Mass, das jedes literarische Werk in sich trägt und an dem es gemessen werden will. Der grossartigste Sinn, das heisseste politische Engagement, die bestgemeinte Moral sind, im Bereich der Literatur, sinnlos ohne diese Einheit. Erst da, wo die Werte umgesetzt in der dem originalen Material gemässen Sprache erscheinen, können sie Exempel sein. Als Beispiel: nicht Sartre ist, für mich, der bedeutende politische Schriftsteller der letzten 65 Jahre, sondern Kafka, sondern Joyce, vermutlich Beckett.

Literatur von Rang heute stellt ihrem Wesen nach das, was sie umgibt, mit jedem Satz in Frage. Sie *ist* Kritik. Insofern ist sie politisch. Je stärker ihre sprachliche Qualität, je grösser ihr stilistisches Kaliber, um so mehr. Um so intensiver ist ihre Glaubwürdigkeit. Das ist eine Behauptung, ich weiss. Sie entspricht nur meiner Überzeugung; sie schliesst natürlich keinesfalls die direkte politische Thematik als literarische Möglichkeit aus.

Was ich nach allem jetzt nicht mehr verstehe, ist jenes Wort Max Frischs von den stilistischen Talenten. Haben wir sie? – Hätten wir sie! – Aber ob wir sie haben oder nicht, die Literatur heute wird nur *die* Sprache glaubwürdig sprechen können, die der eigenen Erfahrung ihrer Autoren entspricht. Die Generation, die erst nach Abschluss des Zweiten Weltkrieges zu eigenem Bewusstsein gekommen ist, hat mit dem Glauben an Nationen den Glauben an die direkte Veränderungskraft der Literatur verloren. Was sie schreibt, ist rätselhafter geworden, gerade weil wir ihr als Spezies Mensch, zusammen mit der Realität, wieder reichlich rätselhaft geworden sind, ohne Hoffnung auf jede Art von Programmliteratur. Wo sie nicht rätselhaft ist, tritt sie registrierend auf, wo sie nicht protokolliert, gibt sie sich spielend oder ist auf der Suche nach dem Grund des Zweifels an sich selbst. Und selbst wo sie die direkte Kritik der Verhältnisse sucht, zögert sie, gerade im Bestreben, wirklich realistisch zu sein, vor dem tauglichsten Mittel der littérature engagée: vor dem Gebrauch des traditionellen Realismus – weil sie nicht mehr ohne Ironie die Verhältnisse in der Sprache abbilden kann, sondern in der Sprache die Verhältnisse schaffen muss (um sie angreifen zu können). So bleibt sie, wo die Literatur doch fast zu allen Zeiten (mit den Ausnahmen des Mittelalters und der Epoche des sozialistischen Realismus) war: im Vorfeld. Im Vorfeld der Moral, der Religion, der Politik.

Max Frisch wird verstehen, ich weiss. – Er hat ange-
spielt. Vielleicht rollt der Ball weiter.

(Die Weltwoche, Nr. 1687, 11. März 1966)

Jean Rudolf von Salis

UNSER LAND ALS GEGENSTAND DER LITERATUR

Zur Debatte steht die allgemeine Frage, ob Probleme der Politik zur literarischen Gestaltung anregen können, ferner die besondere, von Max Frisch aufgeworfene Frage, ob unser Land für seine Schriftsteller kein Gegenstand mehr sei, endlich die subsidiäre Frage, wieweit die jüngere schweizerische Vergangenheit, die Zeit von 1933 bis 1945, erkennbar in unserer Literatur sei. Ich habe die Reihenfolge in der Kontroverse Max Frisch – Otto F. Walter umgekehrt, aber der Gegenstand dieser Auseinandersetzung bleibt sich gleich.

Ich denke, von der «Ilias» bis zum «Doktor Faustus» ist die Politik als Gegenstand literarischer Gestaltung immer vorgekommen. Dass, wie Otto F. Walter meint, «mit den Ausnahmen des Mittelalters und der Epoche des sozialistischen Realismus» die Literatur bloss im Vorfeld der Politik geblieben sei, ist im Blick auf die Weltliteratur eine unhaltbare These. Es sei denn, wir müssten Shakespeares Königsdramen, zahlreiche Werke der französischen Klassik, wir müssten Schiller, das italienische Risorgimento, Flauberts «Education sentimentale», das Junge Deutschland, Strindberg, Hauptmann, Tolstois «Krieg und Frieden», den «Martin Salander», Maxim Gorki, Roger Martin du Gards «Jean Barois», Josef Roths «Radetzkymarsch», Brecht und viele andere Werke aus den Handbüchern der Weltliteratur streichen.

Zweifellos können auch hybride Werke entstehen, die weder gute Literatur noch gute politische Publizistik sind. Wo die Gestaltungskraft fehlt, die Sprache versagt, mangelt der künstlerische Rang. Man kann Ideologie nicht dichten, nicht malen, nicht komponieren. Aber wo Form, eine Fabel, eine Figur, ein Bild, eine Melodie ist, kann der Künstler ausdrücken, was er denkt und woran er glaubt. Manet hat politische Bilder gemalt, Verdi politische Opern geschrieben. Dante ist kein erratischer Block in der Geschichte der Dichtung, sondern nur der politischste aller Dichter; seine Motive sind den Zuständen seiner Zeit und seines Landes entnommen. Sein Werk überdauerte die Jahrhunderte, weil die dichterische Gestalt und Sprachgewalt über jedem Zweifel stehen.

Dass «das Mass, in welchem Sinn und Form durch Sprache zur Einheit werden», den Rang des literarischen Kunstwerkes bestimmt, steht ausser Frage. Und dass der Mensch als gesellschaftliches Wesen «im Zentrum jeder politischen und jeder literarischen Bemühung steht», ist unbestritten. Wo aber die Politik zum Schicksal des Menschen geworden ist, wird die Literatur, in deren Mittelpunkt die Problematik des Menschen steht, auch seine politische Problematik in ihre Betrachtungen einbeziehen können oder müssen. Vom Verfasser und seiner Themastellung hängt es ab, ob dies im «Vorfeld» geschieht oder ob er sein Problem in den Mittelpunkt rückt.

Etwas paradox klingt Walters Behauptung, nicht Sartre, sondern Kafka, Joyce und vermutlich Beckett

seien die bedeutendsten politischen Schriftsteller der letzten 65 Jahre. Indessen mildert er seine Ausführungen, indem er zuletzt einräumt, sie schlössen «natürlich keineswegs die direkte politische Thematik als literarische Möglichkeit aus». Wozu dann der Widerspruch?

Die junge Generation habe, mit dem Glauben an die Nationen, «den Glauben an die direkte Veränderungskraft der Literatur verloren», sagt Otto F. Walter. Lassen wir vorerst die Nationen auf der Seite. Es wäre interessant zu erfahren, ob die Generation Walters insgesamt seine Auffassung teilt, «Literatur sei ihrem Wesen nach ohne jede verändernde Wirkung, sie sei absolut zum Scheitern verurteilt»; bestenfalls bestehe eine Chance, dass von einem Roman, einem Gedicht, einem Theaterstück zwar nicht die Verhältnisse, aber das «einsame Bewusstsein von zwei, drei Lesern oder Zuschauern um ein winziges Stück verändert werden könnten».

Ich denke auch nicht, dass man von «direkter» Veränderungskraft der Literatur sprechen kann. Die Wege des Geistes sind geheimnisvoll. Das Wort ist ein Wühler. Die Sprache ist eine Waffe. Die grossen Dichter und Denker sind ihrer Zeit voraus. Bis die Zeit sie eingeholt hat und ihre Gedanken Gemeingut werden. Keine Veränderungskraft der Humanisten? Und die Reformation? Keine Veränderungskraft der Aufklärung? Und die Französische Revolution? Haben die grossen Russen des 19. Jahrhunderts nicht dazu beigetragen, den Zarismus zum Einsturz

zu bringen? Ist nicht auch von bedeutenden Autoren des 20. Jahrhunderts manches in Frage gestellt
worden, Gesellschaftliches, Moralisches, Politisches?
Wird *nach* Frisch und *nach* Dürrenmatt nicht doch
in der Schweiz ein wenig anders diskutiert als vor ihnen? Ist wirklich der Glaube der Jüngeren an ihr eigenes Tun ein erlöschendes Flämmchen? Otto F. Walter
spricht viel von «Qualität», von «Rang», von «Kaliber» – man sagte früher auch «Klasse» und «Format».
Besteht nicht eine Wechselbeziehung zwischen diesen Eigenschaften und der Wirkungsmöglichkeit (um
nicht zu sagen Veränderungskraft) eines Werkes der
Literatur?

Die neue Generation sei «ohne Hoffnung auf jede Art von Programmliteratur». Könnte es nicht sein,
dass das Programm immer dann fehlt, wenn man
nichts zu sagen hat? Nichts zur Philosophie, nichts
zur Problematik der Zeit, des Menschen und der Gesellschaft? Infolgedessen auch nichts zur Politik und
nichts zu den Verhältnissen im eigenen Land. Pro-
grammkunst ist immer nur dann schlecht oder hybrid,
wenn die Gestaltungskraft nicht ausreicht. Dass die
Literatoren unseres Jahrhunderts (nicht erst die heute
Jungen) skeptisch denken über den Gebrauch des traditionellen Realismus, weil sie die Wirklichkeit nicht
mehr ohne Ironie «in der Sprache abbilden» können,
wissen wir seit Proust und Thomas Mann. Diese ironische Verfremdung der Wirklichkeit ist ein Kunstmittel, das unser Gefühl für die Fragwürdigkeit ei-

ner einst als zuverlässig geltenden Ordnung zum Ausdruck bringt.

Aus der Geschichte der Malerei stammt das Wort, es gebe kein «sujet». Was heissen soll, dass es einzig und allein darauf ankommt, wie ein Gegenstand künstlerisch gestaltet wird, was aber keinen Gegenstand von der Darstellung ausschliesst.

Ich halte Max Frischs Frage: «Ist unser Land für seine Schriftsteller kein Gegenstand mehr?» für legitim. Otto F. Walters Einwände sind interessant, weil sie für die Nachkriegsgeneration bezeichnend sein dürften. «Unser Land» wird also in Frage gestellt. Es gibt die Schweiz nur als organisatorische Einheit. Das wäre in der Tat wenig. Eine «Gemeinsamkeit der jüngeren Geschichte» wird zwar zugegeben – aber warum nur der jüngeren? Fritz Ernst hat nachgewiesen, dass der Begriff «Schweiz», ein Bild der Schweiz als feste Vorstellung für das Ausland seit dem 16. Jahrhundert existiert.

Der Aussenstehende erkennt das Typische deutlicher als der Einheimische. Als ich einmal einen meiner Pariser Professoren, der eine Geschichte des modernen Europa verfasst hatte und im Gespräch einen Genfer Autor des beginnenden 19. Jahrhunderts «très suisse» nannte, darauf aufmerksam machte, dass Genf damals kaum begonnen hatte, schweizerisch zu sein, erwiderte er: «Das macht nichts, die Schweizer, ohne Unterschied der Sprache, besitzen einen der ausgeprägtesten und erkennbarsten Nationalcharaktere unter den

europäischen Völkern.» Unsere Schriftsteller, auch die heutigen, sie mögen es wahrhaben oder nicht, in allen vier Landessprachen, sind unverwechselbar schweizerisch. Jeder ausländische Kritiker könnte es bestätigen. Das gleiche gilt für die Malerei in der Schweiz, was mir ein deutscher Kunstkritiker unlängst mit Beispielen auseinandersetzte. Paul Sacher erklärte uns einmal das gleiche in bezug auf die Musik schweizerischer Komponisten. Das Ohr kann sich nicht täuschen: es gibt eine innere Melodie der Nationen.

Wir haben mit unserer Ideologie von der genossenschaftlichen und föderalistischen Demokratie, von der Gemeindeautonomie und dem kulturellen Partikularismus der Eidgenossenschaft – nostra culpa! – dazu beigetragen, dass die heute Jungen an eine schweizerische Einheit nicht mehr glauben. Freilich geht Otto F. Walter aufs Ganze, indem er versichert, die Nachkriegsgeneration habe den Glauben an Nationen verloren. Ich weiss wohl, wie verbreitet unter den jungen Intellektuellen Westeuropas diese Auffassung ist. In Osteuropa – in Polen, Ungarn, Rumänien, der Sowjetunion usw. – ist das Nationale die tiefere kulturelle und politische Kraftquelle; vom amerikanischen National- und Machtbewusstsein wollen wir erst gar nicht reden, auch nicht vom Nationalismus der unterentwickelten, unlängst zur staatlichen Unabhängigkeit erwachten Völker. Und: würde in Deutschland die Frage der Wiedervereinigung die Geister so

stark erregen, wenn der nationale Gedanke in unserem nördlichen Nachbarland nicht mächtig wäre?

Die Europafrage ausgeklammert: was wir seit Kriegsende gesehen haben, war die Bemühung der einzelnen Völker, wieder reich, stark und glücklich zu werden, was die durch die Technik und Wirtschaft bedingte internationale Zusammenarbeit keineswegs ausschliesst. Jedenfalls gibt es bis heute in der Politik und auch in der Kultur keine andern als nationale Aktionseinheiten. Ich bin mir in diesem Zusammenhang der Gefahr für die Schweiz durchaus bewusst. Gerade weil sich alles, insbesondere auch die Massenmedien, in Europa so sehr nationalisiert hat, sind die zentrifugalen Tendenzen hierzulande stark geworden. Die deutsche Schweiz weiss besser über die Bundesrepublik Deutschland Bescheid als über die französische und die italienische Schweiz. In allen drei Landesteilen sind die Zeitungen, die Illustrierten, der Rundfunk und das Fernsehen des Nachbarlandes eine täglich auf das Leben und Denken der Einwohner einstürmende Macht geworden. Hüten wir uns davor, wegen der «Vielheit von Konditionen (und Sprachen)» aus unserem Land ein neues Österreich-Ungarn zu machen!

Nun ist die Literatur sprachgebunden. Wir hatten aber in der Nachkriegszeit das Glück, dass zwei deutschschweizerische Autoren eine so starke Wirkung auch auf das anderssprachige Ausland ausübten, dass Frisch und Dürrenmatt (was für Gottfried Keller und C. F. Meyer nicht der Fall war) auch in der

welschen Schweiz durchgedrungen sind. Merkwürdig genug: die beiden herben Kritiker unserer bürgerlich-moralischen Kleinwelt sind nationale Autoren im vollen Wortsinn geworden, weil sie die Sprachgrenze zu überwinden vermochten und weil wir, ob deutsch, ob französisch redend, uns in ihren Motiven, Figuren und Problemen wiedererkennen. Es war immer so und ist daher unsere Geschichte: um das Verschiedenartige zusammenzuhalten, bedurften wir einer geistigen Klammer, nicht bloss gemeinsamer öffentlicher Dienste.

Wenn man Otto F. Walters fünf Fragen, die ihm dazu dienen, die *eine* Frage Frischs zu zerpflücken, aufmerksam liest, kommt man unweigerlich zu dem überraschenden Ergebnis, dass unter unsern Schriftstellern – von den mehr als Sechzigjährigen abgesehen – der in der deutschen Schweiz so oft und gern angefeindete Max Frisch offenbar der letzte Patriot ist. Es ist verblüffend: für den Verfasser von «Andorra» ist es, wie für irgendeinen guten Staatsbürger und Soldaten, ganz selbstverständlich, dass die Schweiz «unser Land» ist, dass es sie gibt, dass ihre Bewohner eine verantwortliche Gemeinschaft bilden, dass die Schweiz ein Gegenstand der Literatur war und weiterhin sein sollte, ganz einfach, weil er zu diesem Land als einer seiner kritischsten Söhne gehört und steht – so sehr, dass er sich getrieben fühlte, als Zürcher mit einem Zeitungsartikel in den Kampf um die Wahl des Stadtpräsidenten einzugreifen ...

Es mag sein, dass diese selbstverständliche Bedingung an «unser» von Otto F. Walter in Frage gestelltes Land, die ich mit Max Frisch gemein habe, den heute Jungen altväterisch und überlebt vorkommt. Ich habe es mit Studenten erlebt, dass sie lieber an «Brüssel» glauben. Auch kann ich begreifen, dass eine Generation, die erst nach der Zeit von 1933 bis 1945 zum bewussten Erleben der Gegenwart erwachte, kein Verständnis haben kann für unsere eigenen damaligen Erlebnisinhalte. Aber ich meine, sie sollte das Kind nicht mit dem Bade ausschütten. Die Schweiz und ihre Probleme existieren nicht nur zwischen 1933 und 1945; sie sind älter und – in bezug auf die Gegenwart – neuer, moderner, doch immer wieder drängend, zur Prüfung herausfordernd.

Ich kann Otto F. Walter nicht folgen, wenn ihn sein provinzieller Erfahrungsbereich, den er den seinen nennt und in dem er den Grund seiner schriftstellerischen Tätigkeit erblickt, zu dem Ausspruch veranlasst: «Schweizer bin ich in etwa dritter Linie.» Walters Heimatgemeinde Rickenbach und sein Lebensbereich in Olten/Aarau drängen die Schweiz nicht in dritte Linie, denn sie ist gegenwärtig in Rickenbach und in Olten. Diese Gemeinwesen sind so, wie sie sind, weil sie schweizerisch sind. Steht Frankreich für unzählige seiner Schriftsteller in dritter Linie, weil ihre Art und ihr Schaffen von ihrem provinziellen, von ihrem lokalen Ursprung deutlich mitbestimmt sind? Dürfen wir Faulkner nicht ganz zu den USA zählen, weil seine Stoffe und Figuren südstaatlich sind?

Herder hat als einer der ersten Pestalozzis Erstlingswerk «Lienhard und Gertrud» lobend besprochen. Was ihm an diesem Buche gefällt, ist seine provinzielle Atmosphäre. Herder sagt ausdrücklich, dass er dies als einen Vorzug empfinde. Es wäre aber unzulässig, Pestalozzi, Gotthelf, Keller, weil sie aus dem Regionalen, dem Ländlichen, aus einer Kleinwelt ihre Stoffe gewannen, als Schriftsteller zu betrachten, für die «unser Land kein Gegenstand war». Sie haben aus Kleinem Grosses, aus Lokalem Typisches gemacht – auch sie waren, jeder auf seine Art, Geister, die man im heutigen Jargon «Nonkonformisten» nennt, und dennoch oder erst recht Männer, die an der existenten Schweiz, auch wenn sie ihr Sosein der Kritik unterzogen, nicht zweifelten. Wohl fragt Max Frisch nicht nach dem schweizerischen Partikularismus und Regionalismus; sondern er denkt in erster Linie an die Eidgenossenschaft als ein Ganzes, an eine verantwortliche Gemeinschaft, und insbesondere an das politisch-moralische Verhalten der Schweizer in den kritischen Jahren 1933 bis 1945. Aber es schiene mir abwegig, ihm zu unterstellen, er zähle typisch schweizerische Werke der Literatur, in denen der Teil: die Region, die Stadt, meinetwegen Seldwyla, für das Ganze steht, nicht zu den Büchern, die die Schweiz zum Gegenstand haben.

Nun gibt es die, die ihr Unbehagen in diesem Staate zum Ausdruck brachten (wobei ich übrigens, anders als Otto F. Walter, Robert Walser und Spitteler nicht zu ihnen rechnen würde). Allein, die Beispiele lehren

es, selbst für national emanzipierte Schriftsteller ist es nicht so leicht, aus ihrer helvetischen Haut zu schlüpfen. Sie sagen, wie Dürrenmatt, lieber «Morgenessen» statt «Frühstück», und in irgendeiner Form wird der «Gegenstand Schweiz» in ihrem Œuvre sichtbar. Ich habe nichts gegen Otto F. Walters Vorschlag einzuwenden, die Kritik sollte mit grösserer Bereitschaft als bisher die «Gestalten, Motive *und* Stilmittel der literarischen Werke auf ihren Charakter als Stellvertreter von Gruppen und deren Verhalten hin anschauen».

Walters Artikel hat uns eigentlich von Max Frischs Anliegen weggelockt, er hat uns gezwungen, seinen Umwegen zu folgen, bis er uns schliesslich mit seiner Anregung zu einer Art Soziologie oder Ethnographie der literarischen Motive und Stilmittel führte. Das ist es nun aber durchaus nicht, was Frisch beschäftigt. Er sagt klar und deutlich: «Ich frage nach Darstellungen des schweizerischen Verhaltens selbst, so wie die Deutschen sie haben, die Franzosen, die Italiener.»

Sein Widersacher hat behende das Generationenproblem ins Spiel gebracht; er zeigt, wie es die mittlere Generation ist, die in Italien, Frankreich, Deutschland zu ihren zeitgeschichtlichen Problemen Stellung nahm. An einer literarischen Diskussion in Genf vor mehreren Jahren sagte Ilja Ehrenburg, er glaube nicht an ein Generationenproblem. Es sind Ältere, die so denken, weil sie um die Permanenz der Fragestellungen, Anliegen und Stoffe wissen, weil sie wissen, dass die Philosophie, Geschichte und Soziologie das Allge-

meine, das sich Wiederholende, das Typische an den Tag bringen. In der Schweiz haben sich im Lauf der Zeiten die gleichen Muster oft wiederholt, weil das Land an einen bestimmten geographischen, kulturellen, politischen usw. Standort gebunden ist (und weil, da sich in der europäischen Staatenwelt gewisse Situationen zu wiederholen pflegen, auch das Muster 1933 bis 1945 in unserer Geschichte nicht vereinzelt dasteht). Dass Junge dem gegebenen Standort und seinen historischen Gesetzlichkeiten, dem Beharrungsvermögen national gebundener Probleme entrinnen wollen, ist verständlich; deshalb gibt es aber das Generationenproblem wohl nur in der Perspektive des jugendlichen Aufbruchs ins Leben (beim Künstler in sein Werk).

Eigentlich bleibt Max Frischs Frage: «Hat die Schweiz der letzten Jahrzehnte eine Literatur, in der sie sich erkennen kann, und wenn nicht, warum nicht?» in Walters ausführlicher Paraphrase ohne deutliche Antwort. Tatsache ist: den neuen «Schweizerspiegel» gibt es nicht. Vielleicht deshalb nicht, weil wir, wie Frisch sagt, Dinge tun mussten, die Verrat an unseren Grundsätzen waren. Weil wir nicht als reine Helden dastehen, sondern bestenfalls als fragwürdige, geschickte, zähe, in einer schlimmen Lage sich schlecht und recht durchschlagende Menschen, die alles taten, um die Katastrophe von unserem Land fernzuhalten. Denn man tat es ja wirklich für «unser Land», in der Anpassung *und* im Widerstand.

Es ist eine andere Frage, ob wir uns schämen müssen, weil wir in einer höchst gefährlichen Zeit sanft wie eine Taube und schlau wie eine Schlange gehandelt haben. Vermutlich ging es nicht anders, obgleich mancher von uns sich innerlich dagegen sträubte. Mein Beitrag zu der Kontroverse Frisch — Walter ist indessen nicht der Frage gewidmet, ob es auch bei uns eine Vergangenheit gibt, die wir ans Licht ziehen und in Kenntnis der Dinge «bewältigen» müssen. Zunächst wird eine vollständige Veröffentlichung des Bonjour-Berichtes unumgänglich und unaufschiebbar sein, damit diese Fragen, die die schweizerische Öffentlichkeit anhaltend beschäftigen und beunruhigen, in Kenntnis der historischen Wahrheit diskutiert werden können. Denn Edgar Bonjours Buchmanuskript ist nicht ein internes Verwaltungsgutachten, mit dem die Verwaltung nach Gutdünken umspringen kann, sondern ein vom Bundesrat öffentlich angekündigter Auftrag an einen Fachmann, der dem Zwecke dient, dem Schweizervolk die Dinge mitzuteilen, die heute an der Reihe sind. Auch das gehört zu unserem Thema; denn wenn wir die Schriftsteller anhalten wollen, das Ihre zur Darstellung des Themas «Schweiz» beizutragen, haben die staatlichen Instanzen nicht das moralische Recht, ihnen und einem mündigen Staatsvolk die Kenntnisse vorzuenthalten, die erst ein — aus Dunkel und Helligkeit gemischtes — wahrheitsgetreues Bild der jüngeren Vergangenheit vermitteln können.

Mit diesen Zeilen wollte ich bloss — auf dem Umweg, den Walters Ausführungen vorgezeichnet haben — Max Frischs Frage an die schweizerischen Schriftsteller wiederholen. Erst das Werk oder die Werke, in welcher literarischen Form sie auch immer an den Tag treten mögen, werden darüber Auskunft geben können, ob die «Schweiz ein tragisches Thema» ist oder eines, das zu grösster Differenziertheit in der Darstellung zwingt, weil Recht und Unrecht seltsam verteilt, Gutes und Böses, Stärke und Schwäche nahe beieinander waren. Fabel, Figuren, Motive, Stilmittel? Der Geist, der bekanntlich weht, wo er will, wenn er schöpferisch wird, entscheidet allein über die Frage der künstlerischen Gestalt. Aber dass unser Land für seine Schriftsteller ein Gegenstand sein könnte, sein sollte, scheint mir unbestreitbar.

(Die Weltwoche, Nr. 1689, 25. März 1966)

Peter Bichsel

DISKUSSION UM REZEPTE

Es geht in der Diskussion um Schriftstellerei; deshalb vorerst meine Legitimation: ich habe ein kleines Büchlein von 50 Seiten geschrieben, deshalb bin ich ein Schriftsteller (mit knapper Not, 50 Seiten sind etwas wenig). Es geht aber auch um schweizerische Politik, um mich darüber äussern zu dürfen, brauche ich eine andere Legitimation: ich bin Bürger dieses Landes. Ich habe einen Beruf (Lehrer), den ich als politisch betrachte. Ich bemühe mich, keine Abstimmung zu versäumen und bin Mitglied zweier Gemeindekommissionen. Ich bin nicht leidenschaftlich gern Mitglied dieser Kommissionen, aber ich betrachte es als meinen kleinen Beitrag zur Demokratie.

Wenn ich mich über den Jura äussere, dann als Bürger dieses Landes (als Bürger, der schreibt). Ich sehe nicht ein, warum mir der Titel Schriftsteller ein besonderes Recht geben sollte, mich über Politisches zu äussern.

Dieses Recht gibt mir der Titel Bürger, dieses Recht lasse ich mir auch als Schriftsteller nicht nehmen, aber es hat nichts mit dem Schriftsteller zu tun.

Ich gehöre zu den Meckerern, zu den ganz kleinen Wirtshausmeckerern. Ich finde es anderswo immer besser. Nur reise ich erstens nicht gern und spreche zweitens keine Fremdsprachen. Ich liebe meine

Mundart. Die Spannung von ihr zum Hochdeutschen fasziniert mich und ist ein wesentlicher Grund, dass ich schreibe.

Ich werde auch weiterhin schreiben.

Ich bin aus diesem Grund restlos an die Schweiz gefesselt.

Sie ist mir Heimat und Gefängnis.

Im Lehrerzimmer ärgerte man sich kürzlich über die Unfähigkeit eines Beamten. Wir diskutierten darüber, was man in der Demokratie (theoretisch) gegen ihn unternehmen könnte. Wir kamen zum Schluss, dass man in der Demokratie sehr viel unternehmen kann, dass man es aber nur selten tut. Wir kamen zum Schluss, dass der Schweizer sehr wenig Zivilcourage hat.

Hätten die Franzosen unser politisches System, würde es bestimmt Initiativen hageln. Hätten es die Deutschen – die Intellektuellen würden sich nicht zweimal bitten lassen. Unsere Rechte funktionieren, weil wir sie nur im Notfall benützen. Eine Flut von Originalität würde unsere Demokratie erdrücken.

Des Schweizers bitterer Mangel, der Mangel an Zivilcourage, ist staatserhaltend. Das ist ärgerlich.

Dass es dumme Nationalräte gibt, das ist auch ärgerlich; aber wir haben eine echte Volksvertretung, die Dummen sind im Nationalrat annähernd prozentual zu den Dummen der Bevölkerung vertreten.

Dass Fachleute im Staat oft nicht zu Worte kommen, das ist auch ärgerlich; aber wir haben eine Laienpolitik, jeder kann mitmachen, wenn der Fachmann schön unten einsteigt, in einer Gemeindekommission, hat er etwas zu sagen. Es ist mir in Berlin aufgefallen, dass sehr wenige Deutsche eine Vorstellung davon haben, wie eine politische Karriere in Deutschland aussieht. Bei uns weiss es sozusagen jeder. Die meisten Bundesräte sassen einmal in einer Gemeindekommission und stiegen dann langsam das Leiterchen hoch. In einer Gemeindekommission diskutiert man zum Beispiel darüber, ob vor das Haus Feldberg 19 eine Strassenlampe gehöre oder nicht. Ich bin überzeugt, dass derartige Entscheide das Staatsgebäude tragen. Das ist in Deutschland nicht so. Ein Mann in Frankfurt wird den Standort einer einzelnen Strassenlampe nicht als Politikum betrachten. Unser Verhältnis zum Staat ist ein grundsätzlich anderes als das Verhältnis der Deutschen zu ihrem Staat.

Wenn ein Deutscher in einem literarischen Werk historische und gegenwärtige Situationen kritisiert, dann spricht er gegen eine Regierung, gegen Personen, gegen einen Staat, der ihm gegenübersteht. Die Regierung spricht zurück (Pinscher). Welcher Schweizer Autor wurde bis heute von offizieller Seite mit Verunglimpfungen ausgezeichnet? Wenn Frisch ein politischer Autor ist, welche offizielle Stelle hat ihn je erwähnt?

Von Salis schreibt: «... die beiden herben Kritiker unserer bürgerlich moralischen Kleinwelt sind nationale Autoren im vollen Wortsinne geworden.» Ich habe äusserst wenige Dienstkameraden, die irgend etwas assoziieren, wenn sie die Namen Frisch und Dürrenmatt hören. Gut, sozusagen alle meine zivilen Freunde kennen die Namen, aber sind meine Freunde die Nation? (Ich glaube, dass verhältnismässig mehr Deutsche den Namen Grass kennen als Schweizer den Namen Frisch.)

Ist es nicht eher so, dass Dürrenmatt und Frisch im Gegenteil internationale Autoren sind und als solche für eine gebildete Schicht nationale Renommierstücke (die können sagen, was sie wollen, es ist immer wieder schön). (Dürfte ich übrigens, wenn von Salis schon das Generationenproblem ins Gespräch bringt, den 45jährigen Dürrenmatt für unsere Generation reklamieren, darum bitten, dass man die Grenze auf fünfzig ansetzt, es tut mir sogar weh, den älteren der anderen Seite zu überlassen.)

Dass Walter von Generationenproblem gesprochen hat, ist eine Unterschiebung.

Dass es sich um eine Kontroverse Max Frisch – Otto F. Walter handelt, ist ein Irrtum.

Max Frisch hat Fragen aufgeworfen, die ihn keineswegs in ein Lager zwängen. Von Salis verteidigt Frisch für Aussagen, die er gar nicht gemacht hat. Eine Kontroverse Otto F. Walter – J. R. von Salis hat sich inzwischen ergeben, wobei von Salis (was er selbst Walter vorwirft) sehr von der ursprünglichen

Frage abweicht. Von Salis will offensichtlich Äusserungen, Stellungnahmen der Autoren zu politischen Ereignissen.

Max Frisch fragt nur nach der Darstellung der Schweiz in ihrer zeitgenössischen Literatur. Da steht nichts von Aktion, von politischer Wirksamkeit drin, da heisst es ganz einfach: «Hat die Schweiz der letzten Jahrzehnte eine Literatur, in der sie sich erkennen muss?»

Von Salis möchte diese Frage offensichtlich mit «Nein» beantworten; er beantwortet sie offensichtlich und nach meiner Meinung zu Unrecht mit «Ja»: «Unsere Schriftsteller, auch die heutigen, sie mögen es wahrhaben oder nicht, sind unverwechselbar schweizerisch.»

Das ist in meinen Augen eine positive Antwort. Wenn man in einem Buch den Schweizer erkennt, muss man auch um ebensoviel die Schweiz erkennen. Ich wäre stolz darauf. Es ist meine Absicht, als Schweizer zu schreiben.

Ich erkenne die Schweiz in Gottfried Keller und Max Frisch. Ich empfehle, zum Spass eine Seite «Grüner Heinrich» und eine Seite «Gantenbein» halb zürichdeutsch zu lesen. Dass die beiden nicht weit auseinander wohnen, wird durch diesen Versuch deutlich.

Mir hat man in der Schule erzählt, dass der Schweizer Gottfried Keller ein absolut reines Hochdeutsch geschrieben habe. Das erzählt man

wohl noch heute und es ist faustdick gelogen, zum mindesten bis in die Grammatik und die Syntax ist Keller schweizerisch. Dass er thematisch ebenfalls schweizerisch ist (und sein kann), darum beneide ich ihn, um – wie Walter sagt: «... jene Zeit, da die Utopie der Schweiz als Nation, als einer politischen und kulturellen Einheit so stark war, dass sie, getragen vom Pathos der Neugründung von 1848, zum Lebensgefühl zu werden vermochte.» Walter macht im Anschluss daran auf seine Unzulänglichkeit als Historiker aufmerksam. Ich wundere mich, weshalb der Historiker von Salis Keller wiederum zitiert, ohne im geringsten auf das erwähnte Argument von Walter einzugehen.

Aber sind nun wirklich die Bücher jüngerer Schweizer Autoren so sehr schweizerisch, wie von Salis behauptet? Ich glaube, gerade das bezweifelt Frisch. (Ich weiss, dass das Grass sehr bezweifelt.) Ich habe in Berlin nie den Vorwurf gehört, Schweizer Autoren könnten nicht hochdeutsch, aber häufig den Vorwurf, sie schrieben zu hochdeutsch; sie seien zimperlich und auf grammatikalische Exaktheit aus, sie hätten sehr wenig zur deutschen Sprache beigetragen. Wichtige Autoren der deutschen Literatur kamen immer wieder aus den Randgebieten deutscher Sprache, aus Schwaben, aus dem Osten, aus Prag, dann wieder ganz aus dem Norden; sozusagen nie aus Hannover, dem Ort, wo am hochdeutschesten gesprochen wird. Alle brachten ihre sprachlichen Eigenheiten oder

zum mindesten ihre besonderen Ausdrücke mit und bereicherten damit die Schriftsprache.

Ich habe bei einzelnen Schweizer Autoren eher den Verdacht, sie stammten aus Hannover als aus Zürich (ich schreibe Zürich, weil es dort am meisten Autoren gibt und daher keiner gemeint sein kann). Auch mir fehlt der Mut. Auch ich bin sehr darauf bedacht, von norddeutschen Lesern bestimmt auch verstanden zu werden.

Dürrenmatt macht mir in dieser Hinsicht Eindruck. Ihm ist es gleichgültig, wie man es genau sagt. Er sagt es so, wie er es sagt. Wobei noch dazukommt, dass er es auf dem heikelsten Gebiet tut, dem Theater. Hier scheint es wirklich wichtig zu sein, wie man zum Beispiel einen Telephonanruf richtig hochdeutsch beantwortet, wie man sich meldet, wenn man auf hochdeutsch jemanden anruft.

Warum berühren Dialoge von Schweizern, die so richtig schön hochdeutsch sind, peinlich, und warum ist bei Dürrenmatt das alles so selbstverständlich? Weil eben ein Hochdeutschizismus (ein schönes Wort von mir) peinlich ist, ein Helvetismus oft wünschenswert.

Bleiben wir bei Dürrenmatt. Er ist bestimmt ein Schweizer. Aber nun möchte ich doch einmal wissen, welches seiner Stücke ein politisch schweizerisches oder schweizerisch politisches ist (von Salis spricht davon). Die These vom politischen Dürrenmatt ist

nicht haltbar, wenn er sich auch ausserhalb seiner Stücke kräftig politisch äussert. Hingegen stimmt es, dass die eine Seite ein bisschen Angst vor Dürrenmatt hatte und die andere Seite von ihm die Revolution erwartete. – Dürrenmatt hat ein Stück Schweiz dargestellt, in all seinen Werken, im Romulus, im Mississippi so sehr wie in der Alten Dame. Das ist Darstellung, mit Übertreibungen vielleicht, mit kleinen Spitzen, mit Zeigefinger und Holzhammer. Aber tendenziös politisch ist das nicht. Wenn Dürrenmatt die Schweizer wirklich aufschreckte (ich bezweifle es ein wenig), dann liegt für mich der Beweis vor, dass Darstellen seine Wirksamkeit hat, nicht offene Kritik und verpackte Politik.

Ein Beispiel aus Frisch (aus dem Gedächtnis wiedergegeben): die Szene, wo dem Stiller im Zeughaus seine Uniform gezeigt wird, wird oft als hervorragende Kritik an unserer Armee zitiert – sogar von eingeschworenen Pazifisten. Nun ist die Kritik des Schweizers an seiner Uniform doch alles andere als eine Kritik an der Armee im Prinzip. Nur einen Militärfreund interessiert es, wie schön unsere Uniform ist. Ein Gegner der Armee müsste sich über die Uniform freuen. Auch Frisch hat nur dargestellt: einen Schweizer dargestellt, der pflichtgemäss seine Uniform kritisiert; vielleicht ein Schweizer, der wohl ein potenzieller Pazifist ist; dem aber im entscheidenden Moment nichts anderes einfällt, als die Uniform zu kritisieren. Immerhin scheint mir Frisch viel

mehr als Dürrenmatt politische Absichten zu haben, die Schweiz in seinen Werken kritisch darstellen zu wollen (mir persönlich sind die «Brandstifter» als Beispiel lieber als «Andorra»). Wenn Frisch dabei scheitert, scheitert er als Schriftsteller an seinem Thema – die Sprache trägt ihn weg, die Assoziationen laufen nicht wie geplant, oder die anfängliche Wut verraucht, er versöhnt sich während des Schreibens, steigt in das Denken des Gegners ein und beginnt ihn zu verstehen. Dass, wie Walter sagt, Schriftstellerei vielleicht immer zum Scheitern verurteilt ist, ist keine Tragödie. Mir macht es Spass.

Übrigens werden Bürger, die eine politische Literatur nötig haben, hellhörig. In Ostdeutschland gibt es eine politische Literatur, die sich hart mit dem Staat auseinandersetzt, die von Blumen, Bäumen und Vögeln spricht und auch Blumen, Bäume und Vögel meint ohne jede Allegorie. Ich habe Lesungen von völlig «unpolitischen» Lyrikern in Ostberlin gehört und ein hellhöriges Publikum gesehen, das erkannt hat, dass Literatur immer politisch ist. Und nicht nur die Leute, auch der Staat hat das dort erkannt, es gibt im Osten Lyriker, die nur über Blumen, Bäume und Vögel geschrieben haben und verfolgt werden. Sie waren für den Staat gefährlich genug. Man traut in Ostdeutschland der Literatur etwas zu. Sie wird von der Gesellschaft ernst genommen. Schriftstellerprozesse im Osten drücken auch das aus.

Noch ist die Frage nach der Darstellung der Schweiz in ihrer Literatur nicht beantwortet. Die Frage ist berechtigt und soll stehenbleiben – ich finde auch nicht allzuviel Schweiz in junger Schweizer Literatur. Ich erlebe im Augenblick, wie mir die Darstellung in meinem zweiten Buch zum zweitenmal misslingt (sie wird auch im dritten misslingen). Ist es sehr ketzerisch, zu behaupten, dass der Harry Wind von Diggelmann für mich mehr Schweiz enthält als die «Hinterlassenschaft»? Dies, um den Namen Diggelmann ins Gespräch zu bringen, längst schwebt er ja im Hintergrund des Gesprächs mit. Die Diskussion sieht ein bisschen nach Rezepten aus. Mir scheint, dass die «Hinterlassenschaft» nach einem solchen Rezept gekocht wurde; nach dem Rezept «verpack es in eine Geschichte». Das Buch bleibt trotzdem so wichtig, dass ich Diggelmann dafür verehre. Auf weitere Beispiele verzichte ich. Ich kann mir vorstellen, dass das Beispiel Diggelmann zu genügend Missverständnissen führt.

Buchhändler und Verleger bestätigen es: Sachbücher sind gefragter als belletristische, sie verdrängen mehr und mehr das erzählende Buch. Man muss Fakten nicht mehr in Geschichten verpacken, um sie an den Mann zu bringen – im Gegenteil, sie verkaufen sich nackt besser. Sachbücher sind die Bücher der Fachleute, belletristische die der Laien. Über die unbewältigte Vergangenheit Deutschlands gibt es

wesentlich mehr Sachbücher als belletristische, und diese Sachbücher halten die Diskussion im Gang.

Das soll kein Rückzieher sein. Die Frage von Max Frisch bleibt stehen, auch von mir unbeantwortet. Ich weiss nicht, ob die Geschichtsschreibung ebenso umständlich zustande kommt wie die Literatur, aber abgesehen davon, hat die Schweiz eine entsprechende Geschichtsschreibung? Und was geschieht mit ihr? (Bonjour-Bericht)

Ich kann mir vorstellen (ich habe ausser meinen Arbeitserfahrungen nicht die geringsten Anhaltspunkte dafür), dass die sozialen Autoren des 19. Jahrhunderts zufällig die Armut als Thema entdeckten, die Armut literaturfähig machten; dass sie dadurch selbstverständlich zu sozialen Autoren wurden, ohne viel dazu zu tun. Die genaue Darstellung eines Gegenstandes schafft ohne weiteres Verhältnisse zu ihm.

Meine Aufgabe als Schriftsteller ist darzustellen, Fakten, Umwelt zu sammeln und zu ordnen. Zu meiner Umwelt kann Geschichte gehören, die Geschichte der letzten dreissig Jahre zum Beispiel, zu meiner Umwelt kann ein Rothmund gehören, aber auch ein Bleistift, eine alte Frau, eine Bierflasche, eine Fahrverbottafel. Das Prinzip, nach dem ich auswähle und ordne, bestimme ich entweder nicht oder dann selbst. Es ist kein qualitatives Prinzip, das weiss ich zum voraus, Bleistift kann wichtiger sein als Rothmund, Bierflasche wichtiger als Fahrverbottafel. Gelingt mir die Ordnung, dann gelingt mir die Darstellung meiner

Umwelt, meine Umwelt ist die Schweiz im grossen und ganzen, am liebsten der Raum westlich von Zürich und nördlich von Bern, der Raum auch, der 1815 und in den folgenden Jahren politisch abgesteckt wurde. Er ist mir Heimat und Gefängnis, bald das eine, bald das andere in erster Linie.

Was von Salis am Schluss seines Artikels sagt, scheint mir sehr beachtenswert und für das weitere Gespräch von Bedeutung: «Erst das Werk oder die Werke, in welcher literarischen Form sie auch immer an den Tag treten mögen, werden darüber Auskunft geben können, ob die Schweiz ein tragisches Thema ist oder eines, das zu grösser Differenziertheit der Darstellung zwingt, weil Recht und Unrecht seltsam verteilt, Gutes und Böses, Stärke und Schwäche nahe beieinander waren.» Ich wiederhole den Satz, weil ich möchte, dass er im Gespräch bleibt. Irgendwo auf diesem Wege (die Schweiz ein tragisches Thema?) liegt eine Antwort auf die Frage Frischs. Eine kleine, bekannte Geschichte: Diggelmann braucht in Bern ein Hausiererpatent. Wir ärgern uns, schreien auf und brechen auf zur Hexenjagd (in Deutschland hätten nach ähnlichem Ministersessel gewackelt). Bei uns wird die Sache untersucht, festgestellt, dass ein kleiner Beamter das Gesetz etwas zu sehr nach dem Buchstaben, aber in guten Treuen gehandhabt habe, und alles hat sich erledigt.

Unser Ärger für nichts, unsere Schreie für nichts. Bei uns ist alles und jedes verdammt harmlos, nie tra-

gisch, selten skandalös und bestimmt nicht einfach fassbar oder darstellbar. Wir können einem Ausländer wohl unsere Verfassung erklären, unsere Demokratie ist damit noch lange nicht erklärt.

Ich möchte um das Recht bitten, an einem ganz andern Ende, an einem ungeeigneten vielleicht, mit meinen Untersuchungen zu beginnen; ich möchte um das Recht bitten, Dinge in meine Sammlung aufzunehmen, die offensichtlich nichts mit der Darstellung meiner Heimat zu tun haben: Bleistifte, Bierflaschen, Fahrverbottafeln. Sollte mir eine Darstellung meiner Umwelt gelingen, dann nur auf weiten Umwegen und durch viele willkommene Zufälle.

(Die Weltwoche, Nr. 1690, 1. April 1966)

Adolf Muschg

«Bewältigen» konjugiert man so: wir bewältigen; ihr habt nichts gelernt; sie sind schon wieder Faschisten. Wer bewältigen sagt, ist dafür, aber wer nichts zu sagen hat, darf auch ein bisschen bewältigen; so streng sind die Bräuche nicht. Differenzierte bewältigen zwischen Anführungszeichen. Ausserdem gibt es viele, die schweigen. Dieses Schweigen wäre interessant, es müsste sich entziffern lassen, und eines Tages muss es reden.

Deutsche Schriftsteller haben es zu brechen versucht; die Stimmen der «Ermittlung» etwa. Am rechten Ort? Das Stück schüttelt einen – was schüttelt es? Ich fürchte mich vor Peter Weiss, denn dieses Oratorium ist auf den Teufel getauft, den es beschwören will. Das Medium ist nicht erfunden, das solche Reminiszenzen übermittelt, ohne irgendwo unterwegs (in der tadellosen Grafik, der szenischen Lesung) ihre mörderische Potenz zu honorieren; der Schauspieler, der den Lagerjargon mit guter Stimme nachspricht, verbreitet ihn; auch das gewarnte Ohr ist so gebaut, dass es seinen Eigentümer zum Komplizen macht. Nach Auschwitz dürfe es kein Gedicht mehr geben? Zuviel Ehre für die Mörder. Die *negative* Abhängigkeit von jener Stätte ist fast so düster wie damals diejenige der Opfer; sie lähmt. Ich höre am Ende nur, dass Boger wieder sprechen darf; ich lese, wie Rezensenten mit

Leichenbittermiene ihr Schamgefühl an seiner Schaukel weiden. Ich finde die skrupelhafte Delikatesse dieser Spätgelähmten unappetitlich. Ihre Ergriffenheit ist die Frischhaltepackung (gratis) des Unmenschen; irgendeinmal schlägt er durch. Das dämonisierte Böse bleibt attraktiv.

Ein stärkerer Exorzismus wäre nötig: vielleicht die (tätige) Einsicht in die «Banalität des Bösen», die man Hannah Arendts Eichmann-Buch so übelgenommen hat. Weit entfernt, das Böse zu bagatellisieren, scheucht sie es an jenem unauffälligen und weitverbreiteten Ort auf, wo es überwintert: in der falschen Unbestechlichkeit, dem kleinkarierten Ressentiment, dem Diensteifer aus mangelhafter Phantasie; in jeder Tugend, die unter Umständen (und jede Tugend kommt in solche Umstände) unmenschlich werden kann.

Ein Schweizer blickt nach Deutschland, hebt den Finger, gibt Bewältigungsvorschriften und biedert sich seelsorgerisch an: ein würdiges Schauspiel. Die Deutschen mögen es ganz besonders. Bei Max Frisch heisst es: provinziell.

Damit sind wir bei unserem Hauskreuz angelangt, jenem grossen Thema, das die Teilnehmer dieser Diskussion stärker zu bewegen scheint als die Sorge um unser eigenes Scherflein unbewältigter Vergangenheit. «Provinz», du Stachel im Fleisch unseres Selbstbewusstseins und aller helvetischen Schriftstellerei!

Was ist das, provinziell? bin ich es? wenn ja, wie kann mir davon geholfen werden?

Das ist, meine ich, die provinzielle Fragestellung, wie es im Buche steht – aber auch in den meisten Büchern, die unserer Literatur in den letzten Jahren internationales Profil gegeben haben (Dürrenmatt bekümmert sie nicht). These: es gebe nichts Provinzielleres als die Angst vor der Provinz. Beweis: die Bücher von Max Frisch. In ihnen ist die Angst vor der Provinz produktiv und zu einem hochempfindlichen Medium geworden, das den «Gegenstand Schweiz» wieder bildscharf und zur Erfahrung einer ganzen Generation gemacht hat. Das will ich meinen, dass Frisch ein «Patriot» ist, aber nicht «der letzte», wie von Salis schreibt; denn Max Frisch hat viele zu Patrioten gemacht, die es im Dörfli an der Landesausstellung nicht hatten werden können. Ich kenne heikle Leute, für die die «Blätter aus dem Brotsack» ein stärkerer Beweis waren, dass es in jenen Jahren etwas zu verteidigen gab, als der Rütlirapport. Stillers «Städtchen» verbirgt hinter dem Wegwerfenden nicht die Zärtlichkeitsform. «Achtung: die Schweiz» hätte uns statt einer netten Schau jenes positive eidgenössische Engagement bringen können, das die Gedankenlosen bei Frisch vermissen. Und wer im Vorwort zur Zollinger-Ausgabe auf den Gedanken kommt, den Vesuv gegen den Bachtel auszuspielen, beweist, dass er zum Bachtel ein gespanntes, also echtes Verhältnis unterhält, dasjenige – Entschuldigung – der Liebe, wenn auch der enttäuschten. Durch Frisch ist die Zollingersche

Provinz weltfähig geworden; das heisst: jener Geist der Provinz, der die Angst vor der Provinz ist und die Sorge um sie. Ich empfinde Frischs Bücher als provinziell in diesem hohen Sinn; sie sind es darin, dass sich die Provinz mit Energie und Sensibilität gegen ihre eigene Vergrasung wehrt; und vor allem darin, dass sie an der Alternative Provinz/Welt leiden. lm Zeichen dieses Leidens haben sie die «Welt» erreicht und überzeugt. Wenn «provinziell» jetzt noch ein Schimpfwort ist, so kenne ich einen, der gerne provinziell sein möchte.

Aber er kann es nicht; damit wären wir wohl beim Generationenproblem. Ich glaube Otto F. Walter aufs Wort zu verstehen, wenn er sich zuerst als Rickenbacher und erst in dritter Linie als «Schweizer» Schriftsteller empfindet; ich kann auch Bichsel das Bedauern nachfühlen, mit dem er Max Frisch «der andern Seite» überlässt. Es gibt heute einige Jüngere, die versuchen Schweizer *Schriftsteller* zu sein; die *Schweizer* Schriftsteller unter ihnen sind rar geworden (Diggelmann zähle ich zu ihnen). Diese Akzentverschiebung hat Frisch zu denken gegeben; von Salis reagierte mit einer gewissen Bitterkeit darauf. Eine unvorgreifliche Antwort könnte lauten: Rickenbach (SO) ist ein Lokal, ein bestimmbarer, dankbar bestimmter Ort; aber es ist *keine* Provinz, denn es empfindet sich nicht als Alternative zur «Welt»; wenn man in Rickenbach aufmerksam registriert und genau schreibt, liegt Rickenbach ohne weiteres in der «Welt»; nicht weniger als

Pacific Palisades, Wasserburg oder Warschau. (Kein Gedanke daran, dass Rickenbach die Welt *wäre*; es ist ein offener Ort, braucht nicht verteidigt zu werden; sonst wäre es Provinz. Nur diese kämpft noch mit dem Trauma der Grenzbesetzung.) Viele der Jüngeren, die bei uns schreiben, sind Liebhaber des Lokalen, Lokalmatadore; ihre eigene Arena kennen sie bis zur letzten Unebenheit, aber alle Arenen gleichen sich; der Zwang, zu treffen, ist überall derselbe, Präzision eine Lebensfrage, die Spielregel international gültig.

Wo bleibt das Schweizerische, Ihr stilistischen Talente?

Ich glaube nicht, dass man dadurch ein Schweizer Schriftsteller wird, dass man einer sein will. Dieser glückliche Fall kann einmal eintreten; in meiner Generation hat er sich, soviel ich sehe, nicht ereignet. Die Dialektik des Helvetischen ist subtil geworden. Wie in der Lyrik das wirklich Zeitgenössische nur mit dem Einsatz des Allerprivatesten zu erreichen ist, so wird sich als *Schweizer* Schriftsteller erst zeigen, wer die Gewissensprüfungen seines Metiers bestanden hat; er wird dann – ohne Absicht – auch dem geistigen Bestand seines Landes gedient haben. Man muss im Futurum reden; denn über das, was am Ende schweizerisch ist, entscheidet keine schnelle Instanz, kein Stand- und kein Schwurgericht. Nicht nur Kunst, auch das Vaterland ist das Gegenteil von gut gemeint. Otto Walters Paradox, dass für ihn Joyce oder Kafka bedeutendere *politische* Dichter seien als Sartre, be-

stätigt sich seit einigen Jahren in Osteuropa. Sie sind es, weil sie als *Künstler* über jeden Zweifel erhaben sind; wer ihr Werk berührt, wird auch als Citoyen affiziert. Wunderbarerweise gibt es in Dingen der Reinlichkeit nicht zweierlei Tarif, etwa: den ästhetischen und den politischen. Die auf einem Gebiet realisierte Humanität fordert sie auch auf allen andern heraus.

Diese Generation der Lokalschriftsteller lebt auf Rädern (es braucht nicht immer ein Sportwagen zu sein); die Intimität ihrer Räume hat einen Länderwechsel vertragen gelernt. Deutschland zum Beispiel ist für sie nicht anderswo. Ich glaube mich nicht helvetisch räuspern zu müssen, ehe ich dort mitrede; das Zeug, an dem ich allenfalls flicke, ist auch mein eigenes. Die Aufforderung, vor der eigenen Tür zu kehren, empfinde ich als anachronistisch; ich habe kein Schweizerhaus gepachtet. Ich lebe in Deutschland gern ohne Auslandschweizerallüren; ich suche mir Freunde, mit denen es merkwürdig oder lehrreich ist, Schweizer zu sein, ein Anlass zum Fragen und Antworten, aber keine Lebensfrage. Freilich: Anwandlungen von Nationalgefühl nehme ich dankbar zur Kenntnis. Peter Bichsel hat es mit seiner politischen Strassenlampe aufgescheucht: vor meiner Wohnung im Göttinger Vorort Weende steht eine Strassenlampe so, dass ich bei der Wahl ihres Standorts gerne mitzureden gehabt hätte; man kann bei offenem Fenster nie dunkel schlafen. Mag sein, dass die Lampe, wenn Weende in der Schweiz läge, an den selben Fleck zu stehen käme;

ich wäre dann überstimmt worden. Dennoch könnte ich vielleicht besser schlafen; denn diese halbe Sache (von meinem Standpunkt) wäre dennoch etwas Ganzes: im günstigsten Fall das Ergebnis eines Gesprächs zwischen *allen* Interessierten.

Um den patriotischen Bocksfuss ganz hervorzulassen: ich ärgere mich auch über die Schweiz, die so durch und durch eine halbe Sache ist; aber noch eigentlicher sympathisiere ich mit ihr. Das Halbe ist eben wieder die Dimension des Lokalen: meinetwegen lokaler Engstirnigkeit, Vetternwirtschaft, Querschlägerei; der Inbegriff des Lokalen ist der Biertisch. Dagegen ist die Provinz, die Max Frisch repräsentiert, geradezu eine schillersche Idee, etwas moralisch Rigoroses, Achtungheischendes! Unsere halbe Grosszügigkeit im Städte- und Strassenbau, in der Kunstförderung, unsere zum Glück auch nur halbe Sauberkeit bringt mich nur vorübergehend in Harnisch; ebenso unsere halbe Tapferkeit, halbe Feigheit während des letzten Weltkriegs. Man hat den Kompromiss des Überlebens gesucht, schlecht und recht, man ist dem nationalen Selbstmord aus dem Weg gegangen; das scheint mir, für einen Staat, nicht ehrverletzend. Die Forderung, die das einzelne Gewissen (auch das artistische) an sich selbst stellt, kann nicht streng genug sein; einem Kollektiv – etwa der Schweiz 1939 - 1945 – nachträglich die Gewissensfrage stellen, ist moralische Effekthascherei, denn dem Kollektiv fehlt durchaus das Organ, das sich verbindlich zerknirschen könnte. (Man

müsste Namen nennen und ein politisches Pamphlet schreiben *oder* sein Ethos radikal in gute Prosa übersetzen; dass Diggelmann weder das eine noch das andere ganz tut, macht die «Hinterlassenschaft» in meinen Augen zu einem unbewältigten Buch. Ich habe nichts gegen es, als dass es eine Chance vertan hat.) Vieles, was in Deutschland unter dem gutgehenden Titel der Bewältigung geschrieben wird, macht mir Angst; ich wittere eine besonders makabre Form der Selbstgratulation dahinter: seht alle mal her, was wir da wieder zu bereuen haben. Ich teile Walters Meinung, dass es sich um eine für die europäische Literatur nicht typische Spezialität handelt; man wird sie in längerer Sicht näher an die neudeutsche Selbstgerechtigkeit heranrücken, als sich die Protagonisten beider Lager träumen lassen; in der Kulturindustrie spielen sie einander längst in die Hand. Ich bin gegen das Bewältigen vor applaudierendem oder (wie in der «Ermittlung») den Comment des Schweigens absolvierendem Publikum. In jedem Land, auch einem mit krassen Erinnerungen, auch in der Schweiz, findet die unbewältigte Vergangenheit jedesmal in der Gegenwart statt. Was den Schriftsteller betrifft, hier und anderswo: er bewältigt, indem er sich das süsse Schreiben sauer werden lässt; diese Forderung hat per se bei jedem, der sein Papier wert ist, allerhand gesellschaftliches und patriotisches Engagement in sich. Was heisst «bewältigen», wenn nicht: die Taschen der kleinen Unmenschlichkeit ausräumen, in die wir gerade unsere Hände stecken? Aber bitte nicht ganz;

bitte kein ideologisches Grossreinemachen. In einer stark essenden Gesellschaft, die doch so viel übriglassen muss wie die unsere, möchte der Schreibende von den Resten leben. Die halbe Welt, die halbe Schweiz schmeckt ihm so lange, als ihn die vergessene Hälfte beschäftigen darf. Sie ist nicht zu bewältigen; also versucht er es immer wieder.

(Die Weltwoche, Nr. 1693, 22. April 1966)

Walter Matthias Diggelmann

EIN REZEPT, WIE MAN AUS SCHWEIZERISCHER
VERGANGENHEIT BÜCHER, ROMANE ODER GAR
KAPITAL SCHLAGEN KANN?

Peter Bichsel hat das Verdienst, die Diskussion auf
Erdnähe zurückgeführt zu haben (vergl. Weltwoche
vom 1.4.). Er hat meinen Namen ins Gespräch gebracht und die Vermutung ausgesprochen, die «Hinterlassenschaft» dürfte nach dem Rezept gekocht worden sein: «Verpack es in eine Geschichte». Ich bin gerne bereit, so es ein Rezept gibt, dieses meinen Kollegen zu verraten. Doch zunächst sei mir gestattet, zu
wiederholen, was ich schon oft gesagt habe: ich bin
Schriftsteller. Das Schreiben ist die Form meines Da-
seins, meine Waffe, mich zu verteidigen, auch anzu-
greifen, meine Form, meine Möglichkeit, mich zu er-
nähren. Das heisst nicht, dass ich notgedrungen politische Romane schreiben muss. (Ich stimme Otto F.
Walter zu: das literarische Soll gibt es diesbezüglich
nicht.) Aber ich kann mir meine Themata, das heisst
genauer meine Geschichten, nicht auswählen. Dürrenmatt sagte kürzlich, der Schriftsteller sei ein Na-
turereignis. Ich würde sagen, er sei ein Gesellschafts-
ereignis; mit anderen Worten: er ist ein Produkt jener Gesellschaft, die ihn hervorgebracht hat, die ihn
am Hervorkommen zu hindern versucht, ihn strei-
chelt und haut und ihm nur eines nicht verzeiht: dass

er nicht nur Literatur produziert, sondern sich auch noch als Staatsbürger gebärdet.

Und nun zum Rezept, lieber Peter Bichsel: ich hatte nicht die Absicht, einen auch nur halbwegs politischen Roman zu schreiben. Noch weniger hatte ich die Absicht, unsere «unbewältigte Vergangenheit zu bewältigen». Reiner Zufall war im Spiel: als Bürger dieses Landes stosse ich eines Tages auf Berichte über antikommunistische Ausschreitungen im Städtchen Thalwil (am Schattenhang). Als Bürger dieses Landes ohne antikommunistisches Brett vor dem Kopf, weil jeglichem Absolutismus abhold, will ich alles erfahren, zumindest soviel wie möglich. Wie gesagt, als Staatsbürger möchte ich die Wahrheit erfahren: «Chum Bueb und lueg dis Ländli a».

Aber: der Bürger nimmt den Schriftsteller mit. Der Schriftsteller guckt dem Bürger über die Schultern, da dieser unwahrscheinlich anmutende Dokumente, Zeitungsannoncen, Flugblätter, Briefe und auch Gerichtsakten studiert. Und es verläuft alles wie bei einer heimtückischen Krankheit: der Bürger infiziert den Schriftsteller. Ohne dass sich der Schriftsteller dessen zunächst bewusst wird, beschäftigt auch er sich mit dem Fall. Es geht noch weiter: allmählich reisst er den Fall an sich. Eine Geschichte, sagt er sich. Und er setzt sich an den Tisch und versucht, mit seinen Mitteln, mit der Sprache also, den Fall in Geschichte zu verwandeln. Indes geschieht etwas, was ich keinem meiner Kollegen wünsche: jetzt schaut der Bürger dem Schriftsteller

über die Schultern, liest und prüft misstrauisch das Werdende und flüstert dem Schriftsteller ins Ohr: «Nun einmal keine Belletristik, wenn ich bitten darf. Nun einmal schön auf die Barrikaden. Zieh diesmal deine Narrenmütze vom Kopf, der literarische Maskenball findet erst nächstes Jahr wieder statt. Jetzt steh dazu. Nicht auf ein neues Auschwitz warten!»

Nein, ich war nicht in Auschwitz, ich geriet lediglich auf meiner abenteuerlichen Fahrt nach Australien im Jahre 44 in deutsche Hände, geriet so nach Dresden und in deutsche Gefängnisse – das ist alles. Und doch ist es nicht alles. Ich habe auch meine 24 Aktivdiensttage geleistet; als Ju-Hd. Und ich bin dabei gewesen, damals in der Schweiz. Habe alles gehört. Über die Juden. Über die anmassenden Flüchtlinge, die ein Geschrei machten, nur weil man ihre Familien auseinanderriss. Und wie in Deutschland endlich wieder Ordnung war. Und Zürich endlich nicht mehr rot. Ja, und 1945 kam ich halt wieder. Und kannte meine eigenen Leute nicht mehr: wie die jetzt die Deutschen hassten! Und wie sie für die Russen, dieses «rote Ungeziefer», schwärmten ...

Zum Rezept: wie man Romane macht, wusste ich bereits 1962, als ich die Hinterlassenschaft antrat. Aber der Bürger schoss quer. Warum denn nicht Tatsachenbericht? Schreibe ein anderer einen solchen Tatsachenbericht! Wo die Dokumente herschaffen? Bundesarchiv? Hahaha! Bundesrat? Hahahahaha! Es liesse sich ein ganzes Buch mit lauter Haha ... füllen.

Und die übrigen Zeitgenossen? Du meine liebe Güte! Es scheint, dass sich bei uns ausschliesslich Linksstehende an die dreissiger Jahre erinnern. Die Bürgerlichen? Die einen befanden sich offenbar schon 1933 im Réduit; oder sie waren sonstwie abwesend; jedenfalls – scheint es – hat die Geschichte ohne sie stattgefunden. Sie erinnern sich nur noch an Liebesgabenpakete ... Also aufgeben? Nein! (Dreimal hatte ich aufgegeben.) Aber wie weitermachen? Ganz einfach: ich bin nicht, wie Otto F. Walter vermutet, vom Wissen ausgegangen, dass die Fremdenpolizei sowieso die Schuld habe. Meine Triebfeder war auch nicht die Hybris, wie J. R. von Salis vermutet (hybride Werke – wieso?). Ich bin von mir ausgegangen, das heisst von David. Ich habe die Geschichte auf den Kopf gestellt: es tritt einer eine Hinterlassenschaft an: *kleiner Mann, was nun?* Was für eine Hinterlassenschaft? Darüber gab's Streitigkeiten mit dem Verleger. Ich sagte, warum diese be- und umschreiben? Der Leser hat ein Anrecht, zu erfahren, warum dieser David ausser sich gerät, warum er schliesslich sterben muss; Davids Hinterlassenschaft ist auch unsere. Es war in jenem Augenblick eine pure Stilfrage!

Das ist das Rezept!

Aus der Stilfrage wurde ein Politikum. Und ich soll den schmählichen Versuch unternommen haben, die schweizerische Vergangenheit zu bewältigen. Dabei habe ich lediglich eine Gegenwartsgeschichte geschrieben. Warum gerade diese, habe ich nun gebeichtet. Der elende Bürger in mir hat die Schuld. Der

Bürger in mir? Und jener verstockte Bürger, der sich nur noch an die Liebesgabenpakete erinnern kann? Jener bürgerliche Bürger, der sein Kleinbürgertum und seinen Patriotismus täglich zu einer Ideologie abmurksen will? Dieser hat eigentlich die «Hinterlassenschaft» produziert. Und nun muss er halt zusehen, wie er damit fertig wird. Ich kann mich wieder der Literatur zuwenden.

(Die Weltwoche, Nr. 1693, 22. April 1966)

Land als Gegenstand

J. R. von Salis äussert sich zur Kontroverse Max Frisch

rage, chen die fene rift- end- jün- Zeit erer e in F. tand sich

zum Ge- mer alter ittel- chen Vor- Blick iese. ares Fran- iller, perts inge Tol- artin artin oths an- der

erke noch die ver- Man alen, eine odie was hat sche rati- Dich- aller nden Kom- nun- und un- und un- und en, und n», kes lass sen der be- ick- die Pro-

Seite. Es wäre interessant zu erfahren, ob die Generation Walters insgesamt seine Auffassung teilt, «Literatur sei ihrem Wesen nach ohne jede verändernde Wirkung, sie sei absolut zum Scheitern verurteilt»; bestenfalls bestehe eine Chance, dass von einem Roman, einem Gedicht, einem Theaterstück zwar nicht die Verhältnisse, aber das «einsame Bewusstsein von zwei, drei Lesern oder Zuschauern um ein winziges Stück verändert werden könnten».

Ich denke auch nicht, dass man von «direkter» Veränderungskraft der Literatur sprechen kann. Die Wege des Geistes sind geheimnisvoll. Das Wort ist ein

können, wissen wir seit Proust und Thomas Mann. Diese ironische Verfremdung der Wirklichkeit ist ein Kunstmittel, das unser Gefühl für die Fragwürdigkeit einer einst als zuverlässig geltenden Ordnung zum Ausdruck bringt.

Aus der Geschichte der Malerei stammt das Wort, es gebe kein «sujet». Was heissen soll, dass es einzig und allein darauf ankommt, wie ein Gegenstand künstlerisch gestaltet wird, was aber keinen Gegenstand von der Darstellung ausschliesst.

Ich halte Max Frischs Frage: «Ist unser Land für seine Schriftsteller kein Gegenstand mehr?» für legitim. Otto F. Walters

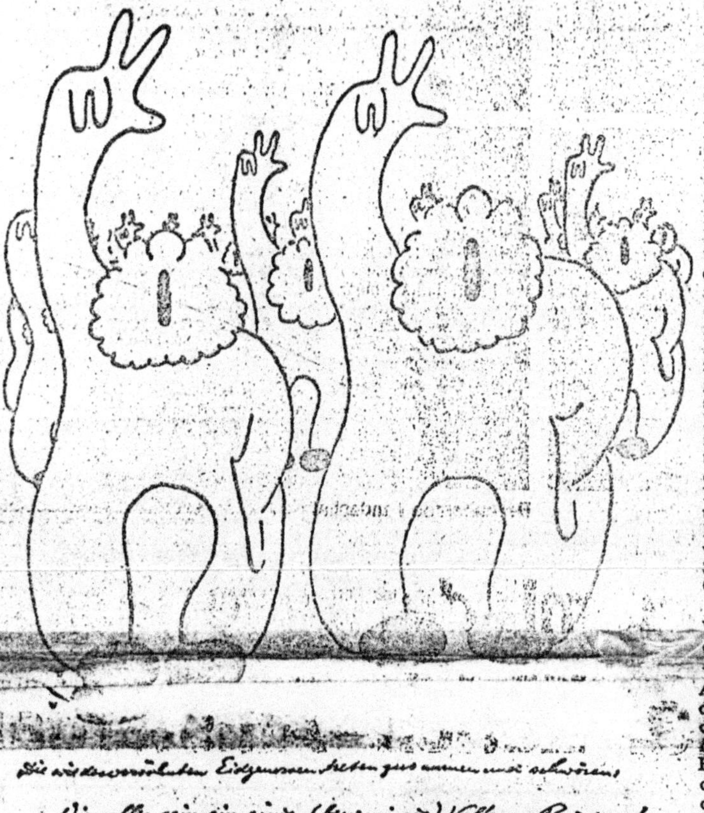
Die wiedervereinten Eidgenossen treten zusammen und schwören:
„Wir wollen sein ein einig (bzw. einzig) Volk von Brüdern!

Die Zeichnung stammt aus der «Bilderhandschrift von Ennenda» (Verlag Herbert Lang, Bern), einer gezeichneten Schweizer Geschichte, deren ungenannter Autor ein berühmter Schweizer Historiker ist. Diese «glorreiche Geschichte von der schweizerischen Eidgenossenschaft» ist eine der amüsantesten Paraphrasierungen unserer Geschichte.

Jungen an nicht mehr F. Walter a die Nachkr ben an Nati wie verbrei tuellen Wes In Osteurop mänien, der Nationale d tische Kra National- wir erst ga Nationalism längst zur wachten Vö land die Fr Geister so nale Geda Nachbarlan

Die Eur wir seit Kri Bemühung reich, stark die durch d dingte inter neswegs au heute in de tu keine einheiten. I menhang d durchaus b insbesonder Europa so zentrifugale geworden. D ser über di Bescheid als italienische teilen sind der Rundf Nachbarlan und Denker Macht gew wegen der Sprachen)» Oesterreich-

Nun ist Wir hatten Glück, das Autoren ein Autoren ein das anders dass Frisch fried Keller Fall war) a durchgedrun die beiden h lich-moralis Autoren im weil sie die vermochten französisch Figuren un Es war im

«Ja, was vermag ein Poet?

Die alte Frage — sie stellt sich immer weniger. Wer heute schreibt, ist sich seiner Ohnmacht bewusst. Die Zerstörung der Menschenwelt ist in vollem Gang. Dass es zum grossen Knall kommt, wünschen auch jene nicht, die das Zeug dafür bereitstellen und vermehren und vermehren; sie rechnen damit, dass die Angst siegt. [...] Was also? Es kann durchaus sein, dass unsere Kindeskinder noch geboren werden. Ob sie noch lesen werden, was heute so geschrieben wird? Johann Wolfgang von Goethe und Geringere, die vor uns geschrieben haben, sie alle rechneten mit einer Nachwelt. Das tut kein Schriftsteller heute, glaube ich, und trotzdem schreiben wir ...

Warum nicht!»

(Max Frisch, Laudatio auf Peter Bichsel, 1981)

Ruth Schweikert: Brief an Max Frisch

Lieber Max Frisch,

die Schweiz im Jahr 2019 am Beispiel einer Zürcher Kantonsschulklasse, Profil Wirtschaft, drei Jahre vor der Matur: 15 heranwachsende Männer, 9 junge Frauen (was untypisch ist und wohl am Profil liegt, schweizweit sind die Gymnasiastinnen schon länger in der Mehrheit, nicht aber die Frauen in der Wirtschaftswelt), insgesamt 24 (post)pubertäre Teenager, alle zwischen 15 und 18 Jahre alt. Gut möglich, dass etliche von ihnen sich als non-binär definieren; wenn nicht jetzt, dann vielleicht in zehn Jahren, wenn die Jugendlichen sich halbwegs erwachsen fühlen, hat sich die Adoleszenz doch schleichend verlängert, wie der Entwicklungs- und Familienforscher Remo Largo feststellt; sie dauert heute oft bis Ende zwanzig. Im Allgemeinen versteht sich, wer mit den technologischen, gesellschaftlichen und politischen Entwicklungen einigermassen mithalten möchte (oder muss), mit Vorteil als lebenslänglich Werdende*r, freundlich unterstützt durch umfassende Weiterbildungsangebote von pränatal bis moribund. «Die Schweiz begreift sich als etwas Grossartig-Gewordenes, nicht als etwas Werdendes.» Auf diese prägnante Formel, lieber Max Frisch, hast Du 1966 Deine Sorge um *unser Land* gebracht, Deine *Schweiz als Heimat?* — diesen

(verluderten) Staat, der Dich als Citoyen und Schriftsteller ein Leben lang umtrieb. Danke dafür; danke für alles, was Du zu Lebzeiten mit der *Öffentlichkeit als Partner* geteilt hast, Deine Romane, Theaterstücke, Tagebücher, Reden; was *wir* heute daraus ziehen, hängt auch von uns ab. Doch wo stehen *wir* heute? Zunächst: wer ist dieses «Wir», das dir selbstverständlich war, so oft verwendetest Du es, in einer Zeit notabene vor der Einführung des Frauenstimmrechts. Tatsächlich tun «wir Schweizer Bürger*innen» uns auch nach der Jahrtausendwende (die keine Zäsur war) nicht leicht mit Zukunftsentwürfen (und Peter Bichsel würde wohl sagen: zum Glück), obschon immer wieder visionäre Initiativen zustande kommen, wie etwa das bedingungslose Grundeinkommen oder griffige Massnahmen in der Umweltpolitik, die dann an der Urne meistens ohnehin deutlich scheitern; immerhin werden die darin aufgeworfenen Fragen ein erstes Mal verhandelt — und sie hallen nach, zuweilen gar über die Landesgrenzen hinaus.

Ich sehe meine Aufgabe als Schriftstellerin nicht darin, *die (schweizerische) Vergangenheit zu bewältigen* (was mir ebenso unmöglich wie widersinnig erschiene), sondern *die Gegenwart zu vermessen* — ungezählte Male habe ich diese vier Worte gleich wieder gelöscht, lieber Max Frisch, erschrocken über den Anspruch, den sie formulieren; dasselbe gilt für *die Wirklichkeit darzustellen,* bloss wie?, angesichts der Bilder-, News- und Meinungsschwemme, die mit jedem Blick aufs Smartphone neu

die Köpfe flutet, während die Erinnerung an jene der Vorminute sich schon wieder zurückzieht, Ebbe im Kopf und Flut zugleich; das menschliche Gedächtnis vorsorglich ausgelagert in die stromfressenden Hochsicherheits(müll)deponien des World Wide Web.

Wo stehen *wir* heute, wenn dieses «Wir» alle aktuell in der Schweiz lebenden Menschen umfasste, unabhängig von ihrer Staatsbürgerschaft? Anders gefragt: Wer steht *uns*, dem Schriftsteller Peter Weber und mir, an diesem Dienstagnachmittag im Mai 2019 im 1. Stock des *Jungen Literaturlabors* gegenüber? Peter und ich agieren als sogenannte Schreibcoaches; obwohl wir beide dezidiert als Schriftsteller*in für das «Grüner Heinrich-Re-Writing-Projekt» engagiert sind — äusserer Anlass dafür ist der 200. Geburtstag von Gottfried Keller —, schreiben nicht wir, sondern die 24 Jugendlichen, die uns zunächst erwartungsvoll/ skeptisch/ gelangweilt mustern. Was machen wir hier? Draussen ist es kühl, ein Frühling, der sich zumeist hinter unfreundlichem Wetter verbirgt; trotzdem ist die Klimakrise — mit den damit verbundenen politischen und persönlichen Fragen — allgegenwärtig, in den Nachrichten schwindender Gletscher und rapide schmelzender Polkappen ebenso wie im Klimastreik jener Schülerinnen und Schüler, die für ihre Zukunft nicht mehr nur in die Schule, sondern auch auf die Strasse gehen.

Noch weiss ich nichts von ihnen, oder wenig, bloss ihre Namen; 24 junge Menschen, 24 Gesichter, Haut- und Haarfarben in je 24 verschiedenen Schattierungen: diese Beschreibung drängt sich mir auf und irritiert mich sogleich; wann, wie und weshalb hat sich meine Wahrnehmung verändert? Gab es nicht eine Zeit, wo Haar- und Hautfarben an Bedeutung verloren, wo, allgemeiner noch, soziale und kulturelle Differenzen kaum noch als solche wahrgenommen wurden? Als der Eiserne Vorhang fiel, so meine Erinnerung, nach Gorbatschows «Glasnost und Perestroika», im Umfeld der «samtenen Revolution», des Mauerfalls und der deutschen «Wiedervereinigung», schienen Herkunft, Religion, Geschlecht als Kategorien zu verblassen, die Unterschiede obsolet, *Peanuts* angesichts der friedlich errungenen (Reise-) Freiheit. «Freiheit, schöner Götterfunken» sangen die vielstimmigen, aus Ost und West zusammengefügten Chöre am 25. Dezember 1989, als Leonard Bernstein in Berlin Beethovens 9. Symphonie dirigierte. *Freiheit* (so Bernsteins Idee) anstelle der Schillerschen *Freude* sollte nach dem Mauerfall aus allen Menschen Brüder machen. Es waren Deine letzten Lebensjahre, lieber Max, fällt mir ein, und ich hätte niemals nach diesem Konzert gegoogelt, wenn ich nicht eine vage Erinnerung daran gehabt hätte, wachgerufen durch Deine Fragen von 1965, wenn mir jetzt nicht immer deutlicher würde, warum ich dir schreibe, fast dreissig Jahre nach Deinem Tod. Während ich schreibend versuche, die Gegenwart zu vermessen, vergegenwärtigen

sich mir tatsächlich Aspekte (unbewältigter?) Vergangenheit, die (im besten, im Glücksfall) die Gegenwart erhellen.

Der Fall des Eisernen Vorhangs, das Ende des Kalten Kriegs: ein Wimpernschlag in der Geschichte, und dennoch eine ungeheure Zäsur — die eine ebenso ungeheure Hoffnung weckte: Die existentielle Gleichheit aller Menschen im Verbund mit der Allgemeinen Erklärung der Menschenrechte vermöchten die Grundlage zu schaffen für eine offene, freiheitliche und solidarische Weltgesellschaft, die sich als Wille und Vorstellung am Horizont bereits abzeichnete; *das Ende* gar *der Geschichte*, wie Francis Fukuyamas Bestseller es provokativ und einprägsam imaginierte?

Davon scheinen wir rund dreissig Jahre später einigermassen weit entfernt; die Globalisierung hat vielen vieles eröffnet, aber keine Weltgesellschaft hervorgebracht. Zwar zeigen Statistiken, dass sich die Lage gerade auch der Ärmsten deutlich verbessert hat — Kindersterblichkeit, Gesundheitsversorgung, Zugang zu Bildung und Information, Elektrizität und sauberes Trinkwasser etc.; in den meisten Weltgegenden ist der Lebensstandard (weiter) gestiegen und tatsächlich gibt es heute in wohl fast jedem Land so etwas wie «Weltbürger*innen»: bestens ausgebildete, mehrsprachige Menschen zwischen zwanzig und fünfundneunzig; physisch, psychisch und intellektuell agile Individuen, die sich (beinahe) überall auf dieser Welt zuhause fühlen und überall Arbeit finden

bzw. ihre vielfältigen Tätigkeiten oft zeitlich flexibel und ortsunabhängig gestalten können. Allerdings sind diese «Anywheres», wie der britische Journalist David Goodhart sie nennt, nicht nur klar in der Minderheit und ihr beruflicher und privater Lebensstil ist klimatechnisch gesehen auch kaum massentauglich; sie sind als viel geschmähte «Eliten» längst weltweit zum neuen Feindbild geworden für die heterogene Mehrheit all jener, die entweder befürchten, selbst nicht fit/ flexibel/ kompetent genug zu sein für die globalisierte Leistungsgesellschaft — und/oder diese als menschenunwürdig ablehnen, ohne noch genauere Vorstellungen entwickelt zu haben, ob und wie solche alternativen Gesellschafts-, Lebens-, und Arbeitsmodelle allenfalls mit einer freiheitlich-demokratischen Grundordnung zu vereinbaren wären.

Und weil diese «Somewheres» — Menschen also, die ihr Leben vornehmlich dort verbringen (möchten oder müssen), wo sie geboren und aufgewachsen sind — sich von der Welt und ihren Ängsten zuweilen überfordert fühlen, soll wenigstens IHR EIGENES LAND sie beschützen vor all den identifizier- und benennbaren Gefahren, die je nach Lesart vor allem «von unten» drohen: islamistischer Terror, Kriegs- und Klimaflüchtlinge, allgemein Migrant*innen aus afrikanischen oder islamisch geprägten Kulturen, — oder «von oben»: von wahlweise machthungrigen/ geldgierigen/ korrupten/ besserwisserischen/ abgehobenen Eliten, zu denen nicht zuletzt «der Staat» selbst gehört, seine Verwaltung und Institutionen, sondern auch die Ab-

geordneten und Parlamentarier*innen IHRES EIGE-NEN LANDES; wer also eignete sich als GROSSER BESCHÜTZER besser als ein Staatschef, der (zum Beispiel) Migranten als «Tiere» verunglimpft, um im nächsten Atemzug lautstark gegen «die Eliten» und die staatlichen Institutionen zu wettern?

Ich schreibe nicht nur über Russland, Ungarn oder die USA. «Was nervt Sie an Bundesbern?», fragt gut ein Jahr nach dem klaren Nein zur «No-Billag-Initiative» das Schweizer Radio und Fernsehen die Besucher*innen der Website *srf.ch*; die Antworten erspare ich dir, lieber Max, sind sie doch nur allzu vorhersehbar.

Aber wo bist Du, fast dreissig Jahre nach Deinem Tod? Für mich bist Du noch immer anwesend in Deinen Texten und Büchern, und wenn ich etwas von dir gelernt habe, dann ist es diese Anwesenheit des Autors, der Autorin in einem Text. Wenn ich im obigen Abschnitt über «die», «diese» oder «jene» schreibe, dann kann und will ich mich nicht davon ausnehmen; wenn ich — auch ohne in der Weltgeschichte herumzureisen, mich eher den «Anywheres» zugehörig fühlend — nicht für mich selbst zuweilen befürchte, gewissen Herausforderungen nicht gewachsen zu sein, dann fürchte ich es umso mehr für andere in meinem Umfeld; für jene Handvoll Halberwachsene zum Beispiel, die im Gegensatz zu ihren Altersgenossen noch keine Ausbildung geschafft und, voneinander unabhängig, Donald Trumps Wahl bejubelt haben; war-

um diese durchaus privilegierten jungen Menschen, *Swiss White Male/ Female* sich so schwer tun, «*in die eigene Kraft zu kommen»,* wie ein befreundeter Psychiater es formuliert, darüber hätte ich gerne mit dir gesprochen, lieber Max, und ich frage mich endlich (da Du es definitiv nicht mehr sein kannst): Wer eigentlich sind die Adressatinnen und Adressaten dieses Briefs? Mit wem spreche ich in Gedanken, wenn ich Fragen, Themen, Motive aufnehme, die mit dir Otto F. Walter, Jean Rudolf von Salis, Peter Bichsel, Adolf Muschg und Walter Matthias Diggelmann vor über fünfzig Jahren aufgeworfen und verhandelt haben: Wie kann ich durch meine Arbeit und Position den öffentlichen Raum mitgestalten; auf welche Weise bilden sich in meiner Literatur gesellschaftliche Realitäten ab oder eben nicht?

Noch einmal: Wo stehen *wir?* Klar scheint einzig, dass es dieses selbstverständliche «Wir Schweizer*innen» oder gar «wir Schweizer Schriftsteller*innen» schon länger nicht mehr gibt: Gleicher sind *wir Menschen* offensichtlich nicht geworden in dieser globalisierten Welt, im Gegenteil, wir leben in Zeiten fortschreitender Ausdifferenzierung; das gilt für Identitäts- und Zugehörigkeitsfragen ebenso wie für die Sortimente der Grossverteiler oder die Ausformulierung neuer Gesetze, und es gilt auch für die Literatur, die nicht mehr nur von Schriftstellerinnen und Schriftstellern geschrieben wird, sondern — zum Beispiel — *auch* von den 24 jungen Menschen, welche die Schweiz der nächsten fünfzig, sechzig,

siebzig Jahre bewohnen und hoffentlich mitgestalten werden, ob mit oder ohne Bürgerrecht.

Tatsächlich ist das «Re-Writing» der ersten Fassung des «Grünen Heinrich» ein tollkühnes Unterfangen, das die zwangsverpflichteten Schülerinnen und Schüler zumeist deutlich überfordert. Der gemeinsamen Lektüre folgt zuerst eine Textdiskussion — was wird hier überhaupt erzählt, was heisst: «Matrone», was sind «Sporen», was die «Respectwuth unserer Honorationen»? Danach vergegenwärtigen wir uns die geschilderten Szenen mit Rollenspielen, und erst dann folgt das Re-Writing des Gelesenen, der Versuch also, Aspekte von Gottfried Kellers Welterfahrung zu erfassen und sie für die Gegenwart zu erschliessen; ein Teil der entstandenen Texte ist unter dem Stichwort «Green Henry» nachzulesen unter *jull.ch*, dort sind auch ein paar Fotos der beteiligten Autorinnen und Autoren zu sehen; elf davon sind nichtdeutscher Mutter- oder Vatersprache; vier sprechen zuhause (teilweise) Englisch, drei Französisch, eine Schülerin spricht Kroatisch, ein anderer schreibt die Sätze/ Floskeln/ Geschichten, die er mit seinen Eltern teilt, in tamilischer Sprache, und so weiter. Nicht selten erzählen die Physiognomien dieser jungen Menschen von weiteren Wanderschaften ihrer Vorfahren, von Flucht und Vertreibung, von bi-nationalen und transkulturellen Liebesgeschichten auch. Zwei Jungs tragen eine Kippa; zwei weitere, so erzählt uns eine Mitschülerin, seien *irgendwie auch jüdisch*; andere

sind wohl muslimischen Glaubens, katholisch, reformiert, Agnostikerinnen oder Atheisten.

Wer von wo aus spricht und schreibt, wird zunehmend wichtiger, und damit auch, dass möglichst viele möglichst differenziert schreiben und sprechen; nicht um eins zu werden, aber doch ein immerfort werdendes «Wir», ein «Wir» als Raum jenes unaufhörlichen Gesprächs, das eine politische Öffentlichkeit erst herstellt, die wir notwendig brauchen, sowohl regional, als auch national und europaweit, in der Wirklichkeit, und in den ungezählten und unzählbaren, in den unaufhörlich werdenden Räumen des Internets.

Eine Utopie? Deine Antwort, lieber Max, auf diesen Brief, hätte mir viel bedeutet; umso wichtiger nun sind eure Antworten, Gedanken, Kommentare, liebe Leser*innen —

in gespannter Erwartung

Ruth Schweikert

Julia Weber: Irma Klein

Er wurde gefragt, ob er etwas über die Schriftstellerin wisse und er sagte, ja, er wisse einiges über diese Frau. Man kam zu ihm an einem Morgen im Mai, als er gerade die Treppe vor dem Haus seiner Familie fegte, er zog die Borsten des Besens den Rillen zwischen den Steinplatten entlang und das Licht war vom vielen neuen Grün der Pflanzen selbst ganz grün geworden. Warum er etwas über sie wissen wolle, fragte der Mann und stellte seinen Besen an die hellgelbe Wand des Hauses, strich sich eine Strähne Haar aus dem feinen Gesicht.

Sie sei geflogen, sagte man ihm, sie habe ein Flugobjekt erfunden und ihr Lebensweg bis dahin, der scheine doch sehr spannend zu sein. Generell interessiere man sich für solche Menschen, sogenannte Genies.

Er kenne sie, ja, sagte er, der Mann vor dem Haus am Stadtrand, mit Stolz im feinen Gesicht. Er sei mit ihr zur Schule gegangen. Und das Lustige sei gewesen oder sei es durchaus immer noch, dass sie genau gleich alt seien, am gleichen Tag geboren, unter anderem auch darum könne er sich wohl so gut an sie erinnern.

Und dass sie auch jetzt in diesem Moment noch immer genau gleich alt seien, das sei etwas, was er persönlich verrückt fände, beim längeren darüber Nach-

denken mache ihn das ganz nervös, sagte der Mann und nahm den Besen von der Wand und stellte ihn aber sogleich wieder hin. Und dass man davon ausgehe, die Zeit sei für alle die Gleiche, dass man davon ausgehe, dass alle Menschen gleich schnell oder langsam leben würden, das sei doch verrückt, da müsse er ihm doch beipflichten, das könne bei all der Verschiedenheit und Individualität eigentlich kaum sein.

Für sie, die Schriftstellerin, sei die Zeit mit Sicherheit langsamer vergangen als für viele andere Menschen und wenn es rechtens zu und hergehen würde, also, wenn die Zeit individuell vergehen täte, so würde sie nun jünger sein als er. Er habe schnell gelebt, aber um ihn gehe es ja nicht. Er lächelte müde den jungen Journalisten an, aber der Journalist reagierte nicht darauf. Und sie sei also geflogen?

Ja, sie sei geflogen, sagte er.

Sie habe ihr Pausenbrot immer so unglaublich langsam gegessen, sagte der Mann, die Gurke, die welk zwischen den Scheiben gelegen habe, und dann alle Kinder, die herumgelaufen seien. Sie aber sei nur da gestanden oder auf den weissen Linien des Basketballfeldes hin und her gegangen und habe nachgedacht. Sie habe die Zeit, die grosse Pause, die Mittagspause, die Zehn-Uhr-Pause mit Denken verbracht. Daran könne er sich noch gut erinnern. Während der Rest der Kinder herumgerannt sei und geschrien habe, habe sie nachgedacht.

Und an was sie gedacht habe, wurde er gefragt, und er sagte, er habe leider keine Ahnung. Sie hät-

ten damals, ausser an ihrem gemeinsamen Geburtstag, nicht miteinander geredet.

Aber der Mann da drüben, der in dem Haus da drüben, der wisse vielleicht mehr über die Frau. Die seien ein Paar gewesen und dieses Haus, er machte eine Bewegung mit dem ausgestreckten Arm knapp am Gesicht des Journalisten vorbei, als wäre er ein Kran und der Journalist ein darunter stehendes Haus, in dem Haus habe sie gelebt, da wohne jetzt auch ihr Vater noch. Der rede aber nicht gerne, der Vater, der schweige lieber, der Vater, sagte der Mann. Er habe noch etwas, sagte er, liess den Besen los, der Besen fiel gegen die Wand und der Mann eilte ins Haus. Hinten im Flur sah der Journalist erst jetzt das Kind sitzen. Ganz still, ja lautlos sass es im dunklen Flur und steckte sich den Stiel einer Plastikschaufel in den Mund. Der Mann kehrte mit einem eingeschweissten Bild zurück. Das habe sie einmal an einem ihrer gemeinsamen Geburtstage gezeichnet, an ihrem 7., um genau zu sein. Er habe es aufbewahrt. Erst, weil er vielleicht doch insgeheim in sie verliebt gewesen sei, und später, weil er dachte, es würde vielleicht einmal an Wert gewinnen. Er habe sogar darüber nachgedacht, es in einen Safe in einer Bank legen zu lassen. Aber er würde es nun gerne dem Journalisten überlassen für dessen Arbeit.

2

Der Journalist stand vor dem Haus, am Messingzaun, das Haus in hellem Rosa gestrichen, die Blumen rot in Kisten vor den Fenstern, und er sah, wie ein Vorhang losgelassen wurde, sich noch ein wenig bewegte danach, hin und her und hin und her und dann nichts mehr, ein weisser Vorhang, dahinter ein Schatten, ein kleiner werdender Schatten. Der Journalist stand einige Sekunden am Gartentor, als die Türe aufging und ein langer, schmaler, die Arme etwas schwingender Mann ins Freie trat.

Er habe sie reden gesehen, die Herren, da drüben, sie hätten lange geredet, und er habe gesehen, wie man auf sein Haus gezeigt habe, also wie der andere, der Nachbar und ehemalige Schulkollege, auf sein Haus gezeigt habe. Mit einem etwas krummen Finger, wie er zu sagen pflege. Er wolle damit sagen, man zeige nicht auf andere Menschen und auch nicht auf deren Häuser und nicht auf die Menschen in den Häusern. Der schlaksige Mann, der keinen Gesichtsausdruck hatte. Sein Gesicht war leer, wie ein leerer Schulhof, man kann sich vorstellen, was darin für Stimmungen herrschen, Lärm vielleicht sogar. Kein Zucken, keine Furche, keine Falte, nichts.

Es gehe um die Schriftstellerin, sagte der Journalist.

Das habe er sich gedacht, sagte der Mann ohne Gesichtsausdruck.

Ob er ihm denn etwas erzählen könne von der Schriftstellerin.

Er könne ihm alles erzählen, er wisse alles über sie. Sie hätten früher einmal Händchen gehalten, die Schriftstellerin und er, und beide hätten gleichzeitig versucht, einen Himbeerquark zu essen, den sein Vater damals gebracht habe, mehr zur Kontrolle denn aus Fürsorge, wie er sich, nun im Nachhinein darüber nachdenkend, sicher sei. Es sei mit Abstand die lustigste Geschichte, die ihm je passiert sei, sagte der Mann und nichts passierte in seinem Gesicht, aber auch menschlich sei sie und traurig zugleich. Der Vater sei ohne anzuklopfen ins Zimmer gekommen und habe ihnen den Quark hingestreckt und in die Hand gegeben und sie hätten ihn entgegengenommen und dann sei der Vater wieder durch die Tür und habe sie hinter sich geschlossen. Beim Essen des Quarks habe ihre Schulter seine Schulter berührt, was ihn beinahe wahnsinnig gemacht habe, auch habe die Schriftstellerin nach Benzin und ein wenig nach geschmolzener und wieder hart gewordener Butter gerochen, es habe ihn beinahe wahnsinnig gemacht, er könne sich noch so genau erinnern, als sei es gestern gewesen, dieser Geruch, der habe ihn, das müsse er ehrlich zugeben, angemacht, der süssliche Geruch von ranziger Butter und ihr Geräusch beim Essen des Quarks und die Haut, die leicht nachgab an jenen Stellen, an denen sie sich zufällig berührten. Auch an das Abziehen des Deckels vom Quarkbecher mit nur einer Hand könne er sich noch gut erinnern, was beinahe unmöglich ge-

wesen sei, auch das Essen des Quarks mit einer Hand, dennoch habe keiner von ihnen loslassen wollen oder können oder sich getraut und am Ende seien ihre Kleider voller Quark gewesen, was sehr unangenehm gewesen sei, und sie sei also sofort nach Hause gegangen und auch nicht mehr gekommen, lange nicht mehr. Er habe sich geschämt und sie sich auch, sie hätten beide die Kleider voller Himbeerquark gehabt, er habe den Quark auch im Haar gehabt.

Und wie sei es damit gewesen, was sie habe werden wollen, die Schriftstellerin, fragte der Journalist den Mann und hinter ihm im Haus stand in der Küche ein Topf auf dem Herd, und der Deckel des Topfes sprang auf und ab, Wasser tropfte auf die heisse Herdplatte. Es zischte.

Das sei am 15. Mai 1994 gewesen, sagte der Mann.

Am 15. Mai 1994 habe sie ihr erstes Gedicht geschrieben, und er habe es noch, sie habe es für ihn geschrieben, er wisse dies noch so genau, weil es sein Geburtstag gewesen sei, und er habe das Gedicht von ihr bekommen.

Er rannte ins Haus und kam mit einem Blatt Papier zurück.

HEUTE IST MIR DAS GESICHT
ZU BODEN GEFALLEN
TRAURIG SAH ES AUS
WIE ES DA AM BODEN LAG

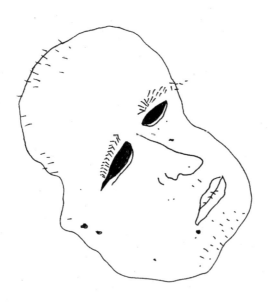

15. Mai, 1990
VON IRMA / FÜR KARL

Sie sei schnell berühmt geworden und beliebt, viel gelesen worden, sei beim grössten Verlag des Landes gelandet, Taschenbuch, Bestsellerlisten, Übersetzungen, Preise, alles.

Aber es soll ihr nicht gereicht haben?

Ja, es habe ihr nicht gereicht, denn laut ihrer Aussage und so habe sie es auch ihm einmal gesagt, als sie gemeinsam in einer Bar gesessen hätten, Campari getrunken, mit Eis, das sei alles für nichts, wenn sich nicht die Welt als solche, die Welt konkret ändere. Was nützten denn die schönen Worte, die Erhellungen und Erhebungen, die Liebe zu Bewegung und Durchleuchtung des Menschen und seiner Lebensweise, wenn er, der Mensch, der Gleiche bleibe. Was nütze es denn, wenn man gegen das Dumpfe anschreibe und die Welt dennoch dumpfer und dumpfer werde. Was nütze es denn, wenn man schreibe und mit den eigenen Worten kämpfe und dann komme eine Grossbank und schenke einem ein Stipendium, sage, weiter so, weiter so, sie sind eine wertvolle kritische Stimme unseres Landes und das Land jubelt und man sei dann einverleibt, habe sie gesagt, man sei vollkommen einverleibt, man sei nicht mehr jemand, man sei etwas, man sei kein Mensch mehr, man sei ein Objekt mit weicher Oberfläche, ein Organ eines Landes, ein Stern auf einer Flagge, ein Bär, ein Bär, der tanzt, sagte sie und wiederholte sie einige Male, stand auf und tanzte wie ein Bär an Ketten und setzte sich wieder. Er könne sich, sagte der Mann und hinten sprudelte das Wasser in der Küche aus dem Topf, an ihr Gesicht vor dem

Glas mit dem roten Campari erinnern, auf dem Glas, in dem es Campari gab, stand auch das Wort «Campari», wie sie ihr Gesicht hinter dem Glas nicht bewegt habe, nur geschaut, gross geschaut, rot geschaut, ihr Gesicht hinter dem Glas. Sie habe die Tränen zu verbergen versucht. Hinten in der Küche fällt der Deckel des Topfes zu Boden.

Sie habe dann das Glas gesenkt und er habe ihren Mund sehen können und der Mund sei rot gewesen wie der Campari, aber ein anderes, ein feineres, ein Himbeerquarkrosarot, und dann habe sie gesagt, Kunst sei im Vergleich zur Politik ein stark verdünnter Sirup. Die Politik aber könne richtiggehend dickflüssig sein.

Sie würde diese Welt bearbeiten wollen. Wie einen Speckstein oder wie eine Skulptur aus Marmor oder eben als Welt, und dann von der Welt Stück für Stück freilegen, sichtbar machen, bis alles da sei und alle es verstanden hätten und niemand mehr dem anderen etwas antun würde und niemand dem anderen etwas wegnehmen und alle ihre Steuern zahlen würden und die Regierungen das Geld, dass sie bin anhin für das Militär ausgegeben hätten, nun für die Umwelt verwenden könnten, für den Umbau der Fabriken und für die Sozialkasse, habe sie damals gesagt, den Campari in einem Zug ausgetrunken, das Sonnenlicht sei weissbierfarben gewesen. All die alte, die uralte Schuld der Menschen, dieses Landes und aller anderen Länder, die würde abgearbeitet in der Politik. Sie würde nun

endgültig für Ordnung sorgen. Die Kunst sei zu filigran dafür, sie gehe kaputt an dieser Härte der Welt.

Er habe noch eine Zeichnung der Schriftstellerin, eine Skizze, die sie gemacht habe an jenem Abend in der Bar.

Sie habe ihm auf einer Serviette aufgezeichnet, warum es unmöglich sei, Kunst und Politik in einem Leben zu vereinen. Die Politik zerstöre die Kunst, weil sie mit anderen Mitteln handhabe, solchen, der die Kunst nicht standhalten könne. Es könne politische Kunst geben, die brauche es auch, und auch habe sie gesagt, jede Art von Kunst sei politisch, weil sie sich dem Austrocknen und Gefügigmachen, dem Einschlafen des Volkes entgegenstelle und politischer könne nichts sein als das Wachbleiben des Volkes. Die Kunst habe die Aufgabe, dafür zu sorgen, dass das Volk nicht in die Irre geführt werde, dass nicht jemand komme, ihm etwas vorlüge, einen kollektiven Irrsinn auslöse. Aber die Kunst, sie sei und wirke präventiv, sie sei eine Stärkung des Immunsystems; wenn aber der Körper der Gesellschaft bereits ernsthaft erkrankt sei, dann brauche es die Politik. Und er sagte, sie habe dann gesagt, die Künstlerin, die habe als öffentliche Person die Verantwortung, Position zu beziehen in gesellschaftlichen, politischen Belangen, aber jede öffentliche Person habe das. Auch Martina Hingis und auch Bodo Hug und Michelle Hunziker. Nur vermische sich natürlich die Kunst mit der politischen Haltung, weil es in der Kunst keine Grenzen gebe, wogegen solches im Sport nicht passieren könne. Es gebe kein *Nun ma-*

che ich Kunst und *Nun bin ich eine öffentliche Per-son.* Das Kunstmachen durchdringe das Leben, habe sie gesagt, es sei wie Wasser, das von einem Stoff aufgesogen werde. Die Kunst sei in diesem Bild der Stoff und das Wasser sei das Leben.

Und nun sei das Land krank, sei befallen von Lügen und dem Glauben an diese, sei befallen von der Angst, so flächendeckend, dass die Kunst nicht mehr heilen könne, darum müsse sie wohl die Kunst aufgeben, so auch ihr eigenes Glück. So müsse sie in die Politik und mit ihrer Haltung und ihren Fähigkeiten in der Politik die Menschen das Sehen lehren. Die Angst heilen. Den Mut erwecken. Die Fähigkeit, in komplexeren Mustern zu denken, müsse in die Politik getragen werden.

KONZENTRATION

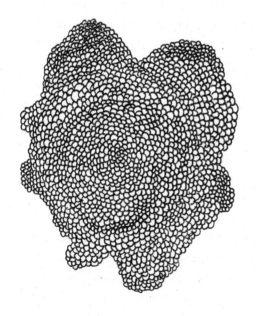

3

Der Artikel des jungen Journalisten wurde eine Woche
später gedruckt. Der Vater der Schriftstellerin wurde nicht befragt, er hatte ausdrücklich darum gebe-
ten, von den Medien in Ruhe gelassen zu werden. Er
schickte später noch einige Briefe an die Redaktion
der Zeitung, dann meldete sich auch noch die Schwes-
ter des Vaters zu Wort. Auch sie sei in der Politik tätig
gewesen, sagte die Tante der Schriftstellerin am Telefon dem Journalisten, ihre Stimme klang, als sässe
sie schon seit geraumer Zeit am selben Ort und als
traue sich ihre Stimme nicht mehr weit von ihr fort.
Im gleichen Bezirk wie die Schriftstellerin sei sie tätig gewesen, sagte sie und sie habe sie also vor allem als Politikerin gekannt. Sie seien nicht in der gleichen Partei gewesen. Sowieso habe die Schriftstellerin
ständig die Partei gewechselt und sogar selbst eine gegründet, aber sie sei zu ungeduldig gewesen und habe
auch niemanden gefunden oder zu wenige gefunden,
die mitgezogen hätten. So sei sie also von den Sozial-
demokraten zu den Grünen, zu den Dunkelgrünen, zu
den radikal Grünen, zu der Ja-Partei gewechselt und
überall habe sie Kompromisse eingehen müssen und
überall seien die Menschen trocken gewesen, wie sie
es sagte. Trocken wie Haferflocken ohne Milch. Es sei
eine grausame Zeit gewesen, habe sie immer wieder
erwähnen müssen, immer wieder gesagt, so flüsterte
es die Tante ins Telefon. Man habe von ihr verlangt,
dass sie aus dunkelgrün schwarzgrün mache, man ha-

be gewollt, dass sie aus vier toten Eseln viele tote Esel machte, man wollte ihr verbieten, vom viereckigen, engen Himmel der konservativen Parteien zu reden, von der Angst, die sie anpflanzen in ihren Hinterhöfen, und den Lügen, die sie verbreiten über die Rolle des Landes in den verschiedenen Kriegen. Immer und immer wieder habe es geheissen, es müsse klarer gesagt sein, es müsse einfacher sein. Aber sie habe immer gesagt, das sei ja das Problem, man müsse die Menschen dazu bringen, in Kreisen und Ovalen und Trompetenformen und noch komplizierteren Mustern zu denken, damit sich etwas ändere.

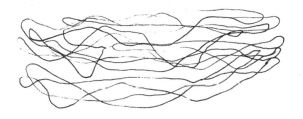

Nur wenn der Mensch sich einen grün-roten Hund vorstellen könne, dann könne er auch ein Gefühl für ihn, den Hund, und dessen Gefühle haben. Und alles laufe schlussendlich auf die Empathie hinaus. Je mehr Empathie es im Land gebe, das heisse, in je mehr verschiedene Menschen und Wesen und Situationen sich die Menschen eines Landes hineinversetzen könnten, umso sozialer würden sie sein, umso besser könnten alle zusammen leben, umso besser würde es dem Land gehen. Kunst sei für den Zustand der Menschen zuständig, in dem diese Menschen dann wiederum die Politik hinterfragen könnten.

Die Politik sei aber so trocken gewesen und die Menschen in der Welt der Politik so trocken, dass die Schriftstellerin angefangen habe zu trinken. Sie habe angefangen, den Himmel zu betrachten und habe immer Durst gehabt. Sie habe bereits am Morgen Durst nach Bier oder Wein oder etwas Besänftigendem gehabt und je mehr sie den Himmel ausgetrunken habe, umso weniger Menschen hätten sich um sie versammelt. Der Himmel und auch ihr Leben seien leerer geworden, so erzählte es die Tante aus der Politik kurz nach dem Bericht in der Zeitung am Stammtisch des Goldenen Bären und prostete etwas traurig und auch etwas verstimmt und verlegen ihren Parteikollegen und den anwesenden Journalisten zu.

Einen tiefen Schluck vom Bier nahm die Tante, einen wichtigen Blick warf sie in die stille Runde, in

die erwartungsvollen Gesichter der Kollegen und der
Journalisten.

Dann habe die Schriftstellerin das Flugobjekt gebaut, es sei eines gewesen, das sie zusammen mit ihrem Vater erfunden habe, der sie immer liebevoll ins
Bett gebracht und im Bett noch für sie gesungen habe,
der ihr Geschichten erzählt und für sie gesorgt habe.
In diesem seltsamen Flugobjekt, sagte die Tante und
hob erneut Stimme und Glas, sei sie dann geflogen.

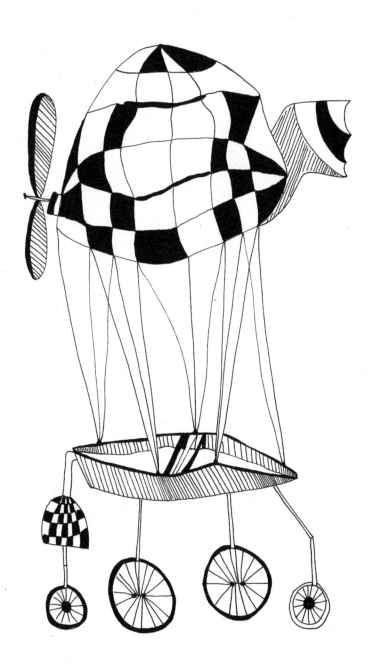

Die Autoren und Autorinnen

JEAN RUDOLF VON SALIS wurde 1901 in Bern geboren, er verstarb 1996 auf Schloss Brunegg. Zweisprachig aufgewachsen, studierte er in Bern, Berlin und Paris Geschichte und übernahm 1935 den Lehrstuhl für Geschichte an der ETH Zürich, den er bis bis zu seiner Emeritierung innehielt. 1940 übertrug ihm Bundesrat Pilet-Golaz die heikle Aufgabe, in einer wöchentlichen «Weltchronik» das «heutige Zeitgeschehen» darzustellen und zu kommentieren, ohne dabei allerdings mit allzu brisanten Aussagen gegen die schweizerische Neutralitätspolitik zu verstossen. Von 1952 – 64 präsidierte er die Kulturstiftung Pro Helvetia. Zeitlebens ein Aussenseiter innerhalb seiner Zunft, suchte er gerne die Gesellschaft von Schriftstellern wie Max Frisch oder Adolf Muschg.

MAX FRISCH wurde 1911 in Zürich geboren, wo er 1991 verstarb. Nach einem abgebrochenen Germanistikstudium und zahlreichen Reisen studierte er 1936 – 1940 Architektur und arbeitete anschliessend im Beruf mit einem eigenen Büro ab 1943. Nebenher war er schon ab den 1930er-Jahren literarisch tätig. Die Romane «Stiller» (1954) und «Homo faber» (1957) sowie das Drama «Biedermann und die Brandstifter» (1958) begründeten seinen Weltruhm. Von 1960 – 65 nahm er Wohnsitz in Rom, wo er am Stück «Andorra» (1961) und am Roman «Mein Name sei Gantenbein» (1964) arbeitete. Die örtliche Distanz zur Schweiz

sowie Reisen nach Israel (1965) und in die UdSSR (1966) schärften den Blick für eine Heimat, die sich mit dem historischen Erbe spürbar schwer tat. Mit dem Redenband «Öffentlichkeit als Partner» (1967) brillierte er als kritischer Zeitgenosse, der sich bis zu seinem Tod kritisch in die gesellschaftlichen und politischen Debatten der Schweiz einmischte.

WALTER MATTHIAS DIGGELMANN wurde 1927 in Mönchaltorf geboren, er verstarb 1979 an einem Krebsleiden. Nach einer schwierigen Kindheit und einer abgebrochenen Lehre floh er nach Italien, wo er von der deutschen Wehrmacht aufgegriffen wurde; zurück in der Schweiz geriet er unter Vormundschaft. Später arbeitete er als Dramaturg und als Werbetexter, was Eingang fand in seinen Roman «Das Verhör des Harry Wind» (1962). Drei Jahre später erregte er Aufsehen mit dem Roman «Die Hinterlassenschaft», der mit der Geschichtsblindheit der bürgerlichen Schweiz abrechnete. Gegen Ende des Films «Die Selbstzerstörung des Walter Matthias Diggelmann» (1973) von Reni Mertens und Walter Marti spricht der Autor in die Kamera: «Das ist ein Film für und gegen Diggelmann, gegen mich.» Das Zitat drückt die Zerrissenheit aus, die Leben und Werk dieses so umstrittenen wie engagierten literarischen Nonkonformisten prägte.

OTTO F. WALTER wurde 1928 in Rickenbach geboren, er verstarb 1994 in Solothurn. Der Sohn eines Verlegers trat nach einer Buchhändlerlehre in

den väterlichen Verlag ein, den er ab 1956 leitete. Mit seinem Gespür für die literarische Avantgarde jener Epoche geriet er indes bald in Konflikt mit der katholisch-konservativen Verlagstradition, was 1966 zum Bruch führte. Im deutschen Luchterhand Verlag übernahm er die Leitung des literarischen und soziologischen Programms. Als Autor hatte er 1959 mit dem Roman «Der Stumme» debütiert, dem drei Jahre später «Herr Tourel» folgte. 1965 nahm das Schauspielhaus Zürich gleich zwei seiner Stücke ins Programm auf («Elio oder Eine fröhliche Gesellschaft»; «Die Katze»). Nach einer Pause kehrte er 1972 mit «Die ersten Unruhen» und 1977 mit «Die Verwilderung» auf die literarische Bühne zurück.

ADOLF MUSCHG wurde 1934 in Zollikon bei Zürich als Sohn eines Primarlehrers geboren, er lebt in Männedorf am Zürichsee. Nach seiner Schulzeit studierte er in Zürich und Cambridge Germanistik, Anglistik und Philosophie, um anschliessend eine universitäre Laufbahn einzuschlagen, die ihn von 1962 – 64 als Lektor an die Christliche Universität nach Tokio führte. Japan prägte 1965 auch sein literarisches Debüt «Im Sommer des Hasen». In zügigem Rhythmus folgten danach weitere Prosawerke sowie das Trauerspiel «Rumpelstilz» (1968). Ab 1970 war er Professor für Deutsche Sprache und Literatur an der ETH Zürich. In zahlreichen Essays setzte und setzt er sich bis heute hartnäckig mit der Schweiz und ihrem Verhältnis zur eigenen Geschichte ebenso wie zu ihrer europäischen Nachbarschaft auseinander.

PETER BICHSEL wurde 1935 in Luzern geboren, er lebt in Bellach bei Solothurn. Nach Abschluss des Lehrerseminars arbeitete er einige Jahre als Lehrer. 1964 sorgte er mit dem Geschichtenband «Eigentlich möchte Frau Blum den Milchmann kennenlernen», mit dem er seinen charakteristischen Erzählstil begründete, für grosses Aufsehen. Drei Jahre später erschien der Prosaband «Die Jahreszeiten». Im August 1965 publizierte die «Weltwoche» von ihm erstmals einen politischen Beitrag zum damals brisanten Thema der Jurafrage. Bald folgten die ersten Kolumnen in der «Weltwoche», wo er zeitweise auch auf der Redaktion arbeitete. Die Kolumne als literarische Form wurde zu seinem Markenzeichen.

RUTH SCHWEIKERT wurde 1965 in Lörrach geboren, sie wuchs in Aarau auf lebt heute in Zürich. Sie debütierte 1994 mit den Erzählungen «Erdnüsse. Totschlagen» (Rotpunktverlag); seither hat sie drei Romane, zwei Theaterstücke und zahlreiche Essays und Aufsätze vorgelegt. 2015 kandidierte sie auf einer Liste «Kunst und Politik» für einen Sitz im Nationalrat. Zuletzt ist das vielgelobte Buch «Tage wie Hunde» (S. Fischer 2019) erschienen sowie der mit ihrem Mann Eric Bergkraut realisierte Film «Wir Eltern» (p.s. 72 productions 2019).

JULIA WEBER wurde 1983 in Moshi (Tansania) geboren, sie lebt mit ihrer Familie in Zürich. Sie studierte in Biel am Schweizerischen Literaturin-

stitut. 2017 debütierte sie mit dem Roman «Immer ist alles schön» (Limmat Verlag) und erhielt dafür mehrere Auszeichnungen. In der Öffentlichkeit ist sie immer wieder mit ihrem «Literaturdienst» unterwegs oder mit dem Projekt «Literatur für das, was passiert», bei dem sie (zusammen mit Gianna Molinari) Textwünsche erfüllt und den Erlös daraus einem Flüchtlingsprojekt spendet.

TOBIAS AMSLINGER wurde 1985 in Stuttgart geboren, er lebt seit 2016 in Zürich, wo er das Max Frisch-Archiv an der ETH-Bibliothek leitet. Er studierte Philosophie, Allgemeine und Vergleichende Literaturwissenschaft sowie am Deutschen Literaturinstitut Leipzig. Nebst Forschungsarbeiten, zuletzt die Studie «Verlagsautorschaft. Enzensberger und Suhrkamp» (Wallstein Verlag 2018), hat er auch ein Theaterstück, einen Gedichtband sowie Gedicht-Übersetzungen aus dem Englischen (John Ashbery, Charles Bernstein) verfasst.

Die Reihe «essais agités» wurde initiiert von «alit – Verein Literaturstiftung». Sie wird mit einer eigens entwickelten Schreibsoftware produziert und in der Schweiz bei Edubook in Merenschwand gedruckt. So setzen wir ein Zeichen für offene Softwareentwicklung und bleiben unabhängig von grossen Konzernen. Für die Entwicklung der Reihe sind Beat Mazenauer (Leitung), Urs Hofer (Programmierung) und Rafael Koch (Gestaltung) verantwortlich. Weitere Informationen unter: www.essaisagites.ch

Unser Dank geht an die Ernst Göhner Stiftung in Zug, mit deren grosszügiger finanzieller Unterstützung die Reihe «essais agités» entwickelt und realisiert werden konnte.

Wir danken auch der Stadt Zürich Kultur und der Fachstelle Kultur Kanton Zürich für die Unterstützung dieser Publikation.

essais agités

Bisher erschienen:

BD. 1

Das bessere Leben
Vier Essays zur Zeit
Catherine Lovey, Annette Hug, Martin R. Dean,
Michel Mettler
ISBN 978-3-03853-999-5

CB. 3
Der Dorfladen
nach einer Idee von Roman Weishaupt, basierend
auf einer Interviewrecherche
Tim Krohn
ISBN 978-3-907199-03-9

CB. 2
Going to Pristina!
Beat Sterchi
ISBN 978-3-907199-02-2

CB. 1
Et si – enfin – le temps n'était plus de l'argent ?
Catherine Lovey
ISBN 978-3-907199-01-5